KARL-HEINZ VANHEIDEN

THOMAS JEISING

HABEN SIE WIRKLICH GELEBT?

Warum biblische Personen mehr als literarische Figuren sind

KARL-HEINZ VANHEIDEN
THOMAS JEISING

HABEN SIE WIRKLICH GELEBT?

Warum biblische Personen mehr als literarische Figuren sind

Karl-Heinz Vanheiden | Thomas Jeising
Haben sie wirklich gelebt?
Warum biblische Personen mehr
als literarische Figuren sind

Best.-Nr. 271 468
ISBN 978-3-86353-468-4

1. Auflage

www.cv-dillenburg.de

(Hervorhebungen jeweils von den Autoren hinzugefügt.)

Satz und Umschlaggestaltung:
Christliche Verlagsgesellschaft Dillenburg
Umschlagmotive: Museum: © Shutterstock.com/best pixels,
Gemälde „The Fall of Man“: Google Art Project works by Frans Floris

Druck: GGP Media GmbH, Pößneck
Printed in Germany

INHALTSVERZEICHNIS

KAPITEL 1

Warum diese Frage?

Warum eigentlich ist es notwendig, sich über die Frage Gedanken zu machen, ob eine Reihe von Personen, die im Alten Testament erwähnt werden, Menschen aus Fleisch und Blut waren? Reicht es nicht aus, dass wir schöne Geschichten lesen, die uns anrühren? Und wenn sie uns sogar moralisch positiv bewegen, ist es dann nicht gleichgültig, ob Adam und Eva, Noah oder Mose, Hiob, Jona oder Daniel Fußspuren hinterließen oder nur Figuren sind, die in der Phantasie glaubender Autoren gebildet wurden? Außerdem haben wir zu den Menschen, die Jahrtausende vor uns lebten, sowieso nur einen literarischen Zugang. Wir kennen sie nur durch die Buchstaben und Wörter und Geschichten der Bibel und können ihnen in dieser Welt nie die Hand reichen. Sie begegnen uns – abgesehen vom auferstandenen Jesus Christus – ausschließlich als literarische Figuren. Macht es dann für uns einen Unterschied, ob sie nur literarische Figuren sind oder auch Menschen aus Fleisch und Blut waren?

Wir wollen im Verlauf dieses Buches zeigen, dass es eine ganze Reihe von Auswirkungen für unseren Glauben, unser Verhältnis zur Bibel als Gottes Wort und zur Bedeutung von Geschichte überhaupt hat, wenn wir die Historizität biblischer Personen in Zweifel ziehen oder sie auch nur für gleichgültig halten. Wir wollen dazu ermutigen, die Bibel so zu lesen und zu verstehen, wie sie verstanden werden will. Sie selbst legt nämlich unzweifelhaft nahe, ihre Geschichtserzählung auch als solche zu lesen und sie nicht auf eine Ebene mit einem Roman zu stellen. Selbst wenn ein Roman so genaue Ortangaben enthält, dass man mit ihm ein Land bereisen könnte, oder wenn er reale geschichtliche Ereignisse in seiner Handlung verarbeitet, so bleibt er doch Fiktion, Phantasie des Autors. Das aber wollen die Geschichtserzählungen der Bibel offenbar nicht wiedergeben. Dabei kann die Bibel sehr wohl zwischen Gleichniserzählung, poetischem Liebeslied und Historie unterscheiden. Der barmherzige Samariter oder der verlorene Sohn haben kein Geburtsdatum, Mose und Noah nach dem biblischen Verständnis aber sehr wohl.

1. Die Einstellung zu historischer Wirklichkeit ändert sich

Zweifel an der geschichtlichen Wirklichkeit des in der Bibel Erzählten gehört seit mehr als 200 Jahren zum Erbgut der Bibelkritik. Dass die Historizität biblischer Personen in Frage gestellt wird, ist also keineswegs neu. Trotzdem hat sich einiges verändert, so dass eine Diskussion wieder neu von Interesse ist. Das hat einerseits mit der allgemein gewandelten Haltung gegenüber sogenannter virtueller Realität zu tun und andererseits damit, dass es Verschiebungen gibt in dem, was als Wesen des christlichen Glaubens angesehen wird. Dazu kommt, dass Theorien der Bibelkritik inzwischen zu Standardtheorien geworden sind, obwohl sie auf unverändert wackeligen Beinen stehen. Der erste Umstand verdient in dieser Einleitung zuerst eine nähere Betrachtung.

Vor etwas mehr als 10 Jahren fand eine repräsentative Umfrage in England heraus, dass für viele Briten die scharfe Grenze zwischen fiktiven Personen und Personen der Geschichte verschwimmt. Robin Hood hielten 27 Prozent für eine historische Person, den legendären König Artus sogar mehr als die Hälfte der Befragten. Dagegen fielen historische Personen wie Benjamin Disraeli und Dschingis Khan bei zahlreichen Briten durch und wurden zu Fiktionen. Selbst Adolf Hitler hielten 11 Prozent der Befragten für eine fiktive Gestalt. Die Untersucher waren sich einig, dass das vor allem dadurch bewirkt wurde, dass Personen und Ereignisse meist durch Filme bekannt sind. Bei Historienfilmen fragen sich die Zuschauer meist nicht mehr, was historisch und was Phantasie ist. Die Grenze ist vielen auch nicht mehr so wichtig. Technische Möglichkeiten lassen zusätzlich die Grenzen fließend erscheinen. Der Zuschauer kann manchmal in die virtuelle Realität einsteigen, teilweise sogar interaktiver Teil davon werden.

So ist es nicht verwunderlich, dass die Welten großer Fantasyromane durch die Vorstellungswelt der Leser auch in deren Realität vordringen. Auf dem Höhepunkt der Harry-Potter-Aufregung haben sich zahlreiche Menschen so stark mit den dort geschilderten Welten identifiziert, dass für sie die Grenzen verschwammen. Sie fieberten mit dem Schicksal einer Romanfigur mit, die im Kopf einer Autorin entstanden war und dort weiterentwickelt wurde. Dieses Phänomen lässt sich vielfach beobachten und zeigt, wie im Bewusstsein die Grenzen zwischen Realität und Fiktion unscharf werden können. Dieser Umstand ist einerseits ein willkommener Teil des Lese- oder Filmerlebnisses. Man taucht für ein paar Stunden in eine andere Welt ab. Aber dann hat einen die Realität wieder. Jeder weiß natürlich, dass die Romanfigur erfunden und das erzählte oder gesehene Geschehen nicht real ist. Aber weil für viele Menschen der Bereich der Emotionen eine immer größere Bedeutung erlangt, kann diese Grenze verschwimmen. Die eigenen Emotionen sind real, ob sie nun durch reales Geschehen und Personen ausgelöst wurden oder durch Phantasie.

Im Hintergrund gibt es auch eine philosophische Überlegung, die seit langem unser Denken beeinflusst. Man nennt sie Konstruktivismus, weil ihre Vertreter davon ausgehen, dass der Mensch sich seine Wirklichkeit immer in seinem eigenen Inneren konstruiert. Man nimmt zwar an, dass es eine Realität gibt, hält diese aber für die menschlichen Sinne für beinahe unzugänglich, so dass erst durch den Filter der menschlichen Wahrnehmung und mit der Phantasie des Menschen die Wirklichkeit entsteht. Da jeder Mensch die Welt mit anderen Augen sieht, wird in seinem Inneren auch ein etwas anderes Bild davon entstehen. Das ist dann von seinen eigenen Erfahrungen und der jeweiligen Art, mit ihnen umzugehen, geprägt. Wenn aber jeder Mensch seine eigene Wirklichkeit hat, dann betrifft das auch die Personen, denen wir begegnen. Und es hat noch viel mehr Auswirkungen auf

Personen, die weit weg von uns sind und denen wir nur durch Literatur begegnen. Schon der, der zuerst von ihnen schrieb, hatte nach dieser Vorstellung nur ein Bild, das mehr oder weniger mit der Realität übereinstimmte. Dieses Bild wird durch die eigene Wahrnehmung noch einmal gebrochen und die Realität einer Person wird unscharf. Wenn man das Konzept des Konstruktivismus zur Grundlage macht, dann könnte man wirklich sagen, dass es für mich nicht darauf ankommt, ob es eine Person wirklich gab, weil diese Person in meinem Kopf immer ein Phantasiegebilde bleiben muss. Wir wollen auf diese Philosophie nicht näher eingehen. Sie steht aber einem biblischen Begriff von Wahrheit und Erkenntnis feindlich gegenüber. Auch wenn Teile der menschlichen Wirklichkeitswahrnehmung mit diesem Konzept gut beschrieben werden können, so ist doch eine Anwendung auf die gesamte Wahrnehmung und das Konzept von Wahrheit aus unserer Sicht ein Irrweg.

Diese Entwicklungen des modernen Lebensgefühls haben auch Auswirkungen auf den Glauben der meisten Christen. Sie nehmen an den Veränderungen des Zeitgeistes teil und sind immer auch Kinder ihrer Zeit. Das ist ganz normal und immer so gewesen. Aber es ist natürlich wichtig, dass der jeweilige Einfluss des Zeitgeistes sich die Kritik durch das Wort Gottes aus der Bibel gefallen lässt.

2. Verschiebungen im Verständnis des Glaubens

Auch auf die Art, wie Christen glauben, haben sich die langfristigen Entwicklungen im Denken ausgewirkt. Man kann ganz allgemein sagen, dass die Dimension des Vertrauens auf geschichtliche Tatsachen gegenüber der Dimension, die die emotionale Seite der Vertrauensbeziehung zu Gott und Jesus umfasst, in den Hintergrund gerückt ist. Die beiden Seiten des christlichen Glaubens, das „Was des Glaubens", also worauf wir inhaltlich vertrauen, und das „Wie des Glaubens", also die Art, wie wir auf Gott vertrauen, müssen in einem gesunden Verhältnis stehen. Beide haben ihre

Bedeutung und gehören notwendig zusammen. Aber natürlich kann die eine oder andere Seite leicht Schlagseite bekommen. Der erwecklich geprägte Christ hat vielleicht oft gehört, dass es beim Glauben nicht auf das Fürwahrhalten ankomme, sondern auf die lebendige Beziehung zu Jesus. Wenn aber – wie zu beobachten – darüber das zu kurz kommt, was der Christ eben auch für wahr halten soll, dann ist das eine ungesunde Entwicklung.

Man kann allgemein feststellen, dass auch unter konservativen Christen das Beharren auf der historischen Wirklichkeit des in der Bibel als Geschichte Berichteten nicht mehr als so wichtig erscheint. Eine Folge davon ist, dass die Bibelkenntnis selbst bei denen, „die mit Ernst Christen sein wollen", erheblich zurückgegangen ist. Das liegt nicht daran, dass man keine Zeit mehr zum Bibelstudium finden könnte. Die Kenntnis der Inhalte erscheint einfach nicht mehr als so wichtig für den Glauben. Sich persönlich angesprochen zu fühlen ist dann der höhere Wert.

Als eine andere Folge erscheint es einem solchen Glauben nicht erheblich, ob Mose gelebt hat oder ob er genauso gelebt hat, wie es die Bibel beschreibt. Der Glaube könnte Trost oder Inspiration durch die Geschichte von Mose empfinden, selbst wenn diese gar keine geschichtliche Grundlage hätte. Ein solcher Glaube wird nicht unbedingt abstreiten, dass Moses eine historische Person sein kann, aber es ist ihm einfach nicht wichtig. Und wenn es jemand anderes bezweifelt, dann erscheint es nicht lohnend, dagegen zu argumentieren. Mag der eine Mose als literarische Figur sehen und der andere in ihm eine historische Person, die noch mit 120 Jahren gut sehen und hören konnte. Wesentlich erscheint, ob und wie die Mosegeschichte den eigenen Glauben ermutigt und das aktuelle Handeln positiv beeinflusst. Wichtig ist, ob der Glaubende sich fest mit Jesus verbunden weiß und das auch empfinden kann. Man kann es so zusammenfassen: Diesem Glauben kommt es nicht darauf an, sich historischer Tatsachen zu vergewissern, weil er darin sein Fundament sieht, sondern eine gute Beziehung zu Gott und Jesus zu haben und zu pflegen.

Ich frage mich, ob wir heutigen Christen den zweiten Abschnitt des Apostolischen Glaubensbekenntnisses noch so formulieren würden, wie das den Christen im 3. und 4. Jahrhundert wichtig war. „Ich glaube an Jesus Christus ..." und dann folgt eine Aufzählung von Ereignissen aus dem Leben von Jesus Christus auf der Erde, historische Tatsachen. Der heutige Christ würde wohl eher formulieren: „Ich glaube an Jesus Christus, meinen Herrn. Ich weiß, dass er für mich da ist, mir hilft und mein Gebet erhört. Er tröstet und stärkt mich und zeigt mir, wie ich richtig leben soll. Ich glaube, dass er mich liebt und ich liebe ihn auch." Das ist alles nicht falsch, zeigt aber die Verschiebung der Gewichtung. Dass diese Entwicklung nicht unproblematisch ist, darauf gehen wir am Ende des Buches noch einmal ein. Dem biblischen Glauben waren die historischen Ereignisse und Personen ungleich wichtiger, als es heute erscheint. Die Bibel hat darum auch ein starkes Interesse an den biblischen Personen als historischen Menschen und dem historischen Handeln Gottes an ihnen.

Das ist auch ein wesentlicher Grund, warum wir uns in diesem Buch so intensiv damit beschäftigen. Nun wird Christen, denen die Geschichtlichkeit der Bibel und auch ihre Zuverlässigkeit in geschichtlichen Aussagen wichtig ist, oft vorgehalten, sie setzten die falschen Schwerpunkte. Es ginge in der Bibel nicht um Richtigkeit, sondern um Wahrheit. Gemeint ist, dass es nicht darauf ankomme, ob eine biblische Geschichte wirklich so passiert ist, sondern dass die „Wahrheit", die sie transportiert, den Hörer erreiche und ihn verändere. Man sagt dann zum Beispiel, der Begriff „irrtumslos" passe so wenig zur Bibel, wie wenn man davon reden würde, eine Sinfonie von Mozart sei irrtumslos oder der Sonnenuntergang sei irrtumslos. Wie bei der Musik oder dem Naturerlebnis gehe es bei den biblischen Geschichten um die Dimension des Ergriffenseins. Es stimmt: Würde es einem Leser der Bibel nur um die Rekonstruktion geschichtlicher Details gehen, verfehlte er die Absicht des Wortes Gottes. Allerdings ist die Bibel in erheblichem Umfang erzählte Historie mit dem Fokus auf Gottes Handeln innerhalb der Geschichte und der christliche Glaube baut darauf.

Nur wenn die Bibel tatsächlich ihre Geschichten wie Romangeschichten erzählte, wobei Historisches mit Ausgedachtem vermischt sein könnte, aber die Fiktion dominierte, wäre die Frage nach der Zuverlässigkeit der Quellen irrelevant. Dass die Geschichten ganz allgemein mit der Absicht geschrieben wurden, den Glauben an Gott zu fördern, ist aber noch keine Aussage darüber, ob wir romanhafte Geschichten oder zuverlässige Wiedergabe von tatsächlichem Geschehen vor uns haben. Die Bibel selbst lässt keinen Zweifel daran offen, wie sie verstanden werden will, denn wir lesen in ihr sowohl Geschichtserzählung als auch Reflexion über diese Erzählung. Die Aufzählung der Wolke der Zeugen in Hebräer 11 beispielsweise macht jedem Leser deutlich, dass hier historische Personen in historischem Handeln als Glaubensvorbilder aufgezählt werden. Darum muss man sich, auch wenn es unbequem erscheint, mit historischen Fragen beschäftigen. Und diese Beschäftigung geht unweigerlich mit der Frage nach der Zuverlässigkeit der Quellen einher. Die Frage, ob sich ein Autor geirrt oder Geschichten in guter Absicht nur konstruiert hat, ist also relevant. Es mag elegant erscheinen, sich mit dem Sprung in die Welt der Fiktion aus alldem herauszuhalten, aber es ist der Bibel nicht würdig.

3. Alles darf hinterfragt werden

Die Geschichte des Christentums ist auch ein Zeugnis davon, dass Christen immer wieder bereit waren, sich Anfragen, Anwürfen und Zweifeln auszusetzen und geduldig nach Antworten zu suchen. Die Christen selbst hatten im Nachhinein immer einen Gewinn, wenn sie das getan haben. In diesem Geist haben wir auch das vorliegende Buch verfasst. Jede Frage darf gestellt werden, jeder Glaubensinhalt darf in Zweifel gezogen werden und das Wort Gottes selbst, die Bibel, ist dabei nicht ausgenommen. Obwohl also die Bibel und auch der Hauptstrom des christlichen

Glaubens an der Historizität der biblischen Personen nicht gezweifelt hat, darf die Frage „Haben sie wirklich gelebt?“ gestellt werden. Die Argumente, die vorgebracht werden, verdienen es, angehört zu werden, selbst wenn sie nur auf wackeligen Füßen stehen. Es hat Christen immer ausgezeichnet, wenn sie versucht haben, diese Argumente, auch wenn sie sie ablehnen, so gut und gerecht darzustellen, dass auch ihre Vertreter der Darstellung zustimmen konnten. Im Verlauf der Kirchengeschichte sind es nicht selten die Christen gewesen, die die Argumente ihrer Gegner sogar besser dargestellt haben, als sie selbst es taten.

Es gibt Christen, die das ablehnen, und meinen, mit diesem Vorgehen werte man die manchmal schlechten Argumente nur auf. Man solle sie einfach mit Schweigen übergehen. Der Blick in 2000 Jahre Kirchengeschichte zeigt tatsächlich, dass viele Schriften der Gegner biblischer Theologie untergegangen sind und wir nur noch von ihnen wissen, weil wir die Schriften der Christen haben, die sich geduldig und respektvoll mit den Argumenten auseinandergesetzt haben. Aber auch das hat sich nicht als Nachteil erwiesen, gerade weil es „nichts Neues unter der Sonne“ gibt und viele Erscheinungen, wenn auch in neuem Gewand, nach Jahrzehnten wieder modern wurden. Ein anderer Aspekt aber ist ebenso wichtig: Die christliche Theologie und der biblische Glaube haben gerade in der Auseinandersetzung mit den Anfragen ihre Schönheit, Vielfalt und einen Facettenreichtum gezeigt, der vielleicht ohne Argument und Gegenargument unentdeckt geblieben wäre.

Nicht selten kann man noch etwas anderes im Zusammenhang mit dem Thema „Zuverlässigkeit der Bibel“ zu hören bekommen. „Die Bibel hat es doch nicht nötig von uns verteidigt zu werden. Ist sie Gottes Wort, dann kannst du dir das ganze Mühen darum sparen, zu zeigen, dass sie ohne Fehler ist oder historisch zuverlässig. Das Wort Gottes wird sich auch so durchsetzen.“ Die so reden zeichnen dann oft ein Bild von Leuten, die ängstlich sind, die Bibel könne sich als fehlerhaft oder märchenhaft herausstellen und der ganze Glaube drohe damit zusammenzubrechen. Sie selbst aber seien getrost und gewiss im Glauben an Jesus, selbst wenn sich die ganze Bibel als geschickte Erfindung irgendwelcher antiker Priester oder Theologen herausstellte. Sie könnten an Gott glauben auch ohne eine historisch zuverlässige Bibel.

Mit unserer Argumentation für die Historizität biblischer Personen beabsichtigen wir nicht, die Bibel zu verteidigen, und meinen auch nicht, dass Gottes Wort ohne unsere Hilfe unterginge. Die Bibel ist trotz eines Sturmlaufs gegen sie immer Gottes Wort geblieben und wird nach Gottes Versprechen auch nicht untergehen. Es ist allerdings so, dass viele Christen verunsichert werden bzw. dass sie anfangen, sich ein anderes Fundament für ihren Glauben zu suchen als das Wort Gottes. Für die sind die folgenden Kapitel gedacht. Sie wollen wir ermutigen, damit sie mit Paulus getrost sagen können (Apg 24,14b): „Ich glaube an alles, was im Gesetz und den Schriften der Propheten steht." Wir meinen, dass es keine „gesunde Lehre" sein kann, wenn wir vom Vertrauen auf Gottes Wort, und damit auf Gott und Jesus selbst, weggeführt werden zu einem Vertrauen, das mehr in der eigenen Gefühlswelt verankert ist.

Das wichtigste Argument für die respektvolle Beschäftigung mit Zweifeln und Anfragen ist und bleibt aber die christliche Liebe. Dass Matthäus unter Juden immer wieder das Argument hörte, die Leiche von Jesus Christus sei aus dem Grab gestohlen worden, um die angekündigte Auferstehung vorzutäuschen, veranlasste ihn, die Umstände genau zu schildern und zu zeigen, wie es zu dieser Behauptung kam. Außerdem machte er deutlich, dass diese Theorie vor der Wirklichkeit der Ereignisse nicht bestehen kann. Warum tat er das? Sicher nicht aus persönlicher Furcht, dass die Auferstehung nicht geschehen sein könnte, wenn man kein passendes Gegenargument fände. Es ging ihm doch darum, Freund und Feind zu ermutigen, an den auferstandenen Jesus Christus zu glauben. Er wollte weder, dass Christen in Zweifeln gefangen sind, noch dass die Gegner des christlichen Glaubens es sich mit einer erfundenen Geschichte einfach machen können und so der Begegnung mit Christus aus dem Weg gehen. Es gehört zur Liebe der Christen, dass sie Menschen helfen wollen, von Irrtümern und Irrwegen auf den richtigen Weg zu kommen.

4. Die Frage nach der Geschichte: lästig und spannend zugleich

Wie bereits angedeutet bringt die Beschäftigung mit Geschichte und in diesem Fall mit der Historizität biblischer Personen unausweichlich unangenehme Fragen auf. Mit einem Roman muss man es nicht so genau nehmen. Zwar gehört es zu einem guten Roman, dass er auch gut recherchiert ist, d. h. dass Orte und Umstände, in denen die erfundene Geschichte spielt, realitätsgetreu sind, aber man kann physikalische Grenzen auch mal überschreiten, Berge und Täler, Städte und Dörfer auch einfach erfinden und sogar alles auf den Kopf stellen. Das ist bei der Beschäftigung mit Historie nicht so. Da erwarten wir die realitätsgetreue Darstellung. Wir messen die Zuverlässigkeit des Autors daran, wie viele und welche Art von Fehlern er sich leistet und gehen davon aus, dass solche Fehler in der Regel noch vor der Veröffentlichung verbessert werden. Wer die Bibel als Sammlung erbaulicher Geschichten ansieht und ihre Personen als mehr oder weniger gut erfunden oder höchstens von historischen Personen inspiriert, der kann scheinbare Fehler und Widersprüche, eventuelle Ungereimtheiten einfach übergehen.

Es gehört allerdings zur Geschichtsschreibung, dass sie nie ein vollständiges Bild allen Geschehens geben kann. Die Bibel enthält keine Biografien von Personen, wie wir sie heute gewohnt sind. Das Ziel war es auch nicht, eine historische Person darzustellen. Keine Geschichtsschreibung kann bruchlos sein. Wir sehen das auch an Diskussionen um geschichtliche Ereignisse und Personen, bei denen die Zeit bei weitem nicht so entfernt ist, wie die von Abraham, Hiob oder Mose. Darum müssen und wollen wir die Geschichtsschreibung der Bibel so nehmen, wie sie ist. Es macht keinen Sinn, Maßstäbe anzulegen, die erst im 19. oder 20. Jahrhundert in der westlichen Welt entwickelt wurden. Das heißt aber nicht, dass Geschichtsschreibung zu biblischen Zeiten nicht zwischen Wahrheit und Dichtung unterschieden hätte. Auch damals gab es romanhaftes Schreiben, das geschichtliche Ereignisse mit Mythen und Fiktion vermischt hat. So schätzen wir heute die Dichtung Homers vom Untergang Trojas ein.

Aber auch in älterer Zeit findet man ein Phänomen, dass man als Legitimierung von Geschichte durch mythische Ursprünge beschreiben kann. In der Geschichtsschreibung Babels, in Ägypten oder auch in Griechenland wurden oft mythische Anfänge in der Götterwelt vorgeschaltet. In Ägypten diente das dazu, der jeweiligen Herrscherdynastie eine Legitimation zu geben. Alte Schriften aus dieser Zeit machen oft den Eindruck, als ob man das auch als tatsächliche Geschichte akzeptierte. Ob es mit der Bibel genauso ist, darf gefragt werden. Wenn es so wäre, dann hätten wir in der Bibel eben auch eine Mischung von mythischen mit realen Geschichten vorliegen. Und wenn man das eine nicht mehr vom anderen unterscheiden kann, dann hätten auch die biblischen Personen nur höchstens einen historischen Kern, den man freilegen müsste, und drumherum wären fiktive Geschichten mit religiösen Wahrheiten gebaut.

Im Hauptstrom der Universitätstheologie in Europa hat sich in den letzten 100 Jahren ein ganz bestimmtes Bild über die Geschichtsschreibung der Bibel fest etabliert. Man geht prinzipiell davon aus, dass die Bibel nicht Geschichte berichten, sondern nur religiöse Wahrheiten weitergeben wolle. Auch das, was wie Geschichtsschreibung aussehe, sei immer nur ein Glaubenszeugnis. Was wirklich passiert sei, habe damit nur entfernt zu tun. Es zweifelt beispielsweise niemand daran, dass Jesus Christus eine historische Person ist, aber seine Geburtsgeschichte, die Erzählungen von seinen Wundern und sogar die meisten seiner Reden halten viele Theologen für fiktiv. Sie seien von der späteren christlichen Gemeinde gewissermaßen erfunden worden, um Glaubenswahrheiten über den Retter Jesus auszusagen. Dieses Prinzip wird auch auf die meisten alttestamentlichen Geschichten angewandt.

Man geht davon aus, dass die heutigen Bibeltexte erst mindestens 500 Jahre nach den Lebensdaten der Personen entstanden sind und schon deswegen kaum historisch sein könnten. Obwohl es nur wenige gute Argumente für diese Theorie gibt und viele dagegen, ist sie zu einer Art Standardtheorie geworden. Wer sie vertritt, braucht das nicht mehr zu begründen; wer sie ablehnt, hat sofort eine Minderheitenposition, die schnell belächelt wird. Man darf sich davon nicht abschrecken lassen. Die Argumente für das geschichtliche Szenario, das die Bibel darstellt, sind gut und tragfähig. Es wird durch ein innerbiblisches System genauso gut belegt, wie durch Texte aus der Umwelt der Bibel und archäologische Funde. Die Ungereimtheiten, mit denen man in diesem Zusammenhang zu tun bekommt, bewegen sich ganz und gar im Rahmen der normalen Geschichtsforschung.

Nach allem, was man heute übersehen kann, hat sich aber die historische Zuverlässigkeit der Bibel immer wieder bestätigt. Immer wieder haben archäologische Funde unterstrichen, dass geschehen ist, was man lange angezweifelt hatte. Im Rahmen einer biblischen Archäologie wurde das Bild, das die Bibel zeichnet, immer wieder bestätigt. Informationen aus der Umwelt der Bibel haben ein erhellendes Licht auf die Schilderungen geworfen. Auch wenn schon behauptet wurde, dass es kein biblisches Jericho oder biblisches Ninive gab, hat sich im Laufe der Zeit das Gegenteil gezeigt. Die Beschäftigung mit der Geschichte der Bibel auf der Grundlage, dass wir es mit historischen Daten zu tun haben, ist eine spannende Aufgabe. Die aber ist nicht davon geprägt, dass gläubige Forscher eine Position nach der anderen räumen und immer öfter zugeben müssten, dass es doch ganz anders gewesen sei. Das Gegenteil ist der Fall. Darum bewegen wir uns in diesem Buch auch nicht nur innerhalb der Texte der Bibel, auch wenn sie die Grundlage und der Maßstab bleiben. Wir werfen auch einen Blick auf die Umwelt der Bibel.

KAPITEL 2

Warum biblische Personen umstritten sind – Argumente für den Zweifel

Die Begründungen dafür, dass es sich bei Adam, Noah, Mose, Hiob, Jona und anderen biblischen Personen nicht um Menschen gehandelt haben soll, die in Raum und Zeit gelebt haben, die Vater und Mutter hatten und Spuren hinterließen, sind zahlreich und werden meistens so geballt und massiv vorgetragen, dass es zuerst schwerfallen kann, sich diesem Druck nicht zu beugen. Und wenn man es nicht tut, dann kommt man sich leicht so vor, als ob man trotzig Argumente ignoriert, die plausibel nachvollziehbar sind und überzeugend wirken. Deswegen kann man auch unter konservativen Christen einen zunehmend geringer werdenden Widerstand wahrnehmen. Am Ende findet man sich damit ab, dass die Personen nur fiktive literarische Figuren sein sollen und tröstet sich damit, dass die Glaubenswahrheiten damit nicht in Gefahr sind.

Wir ordnen die Argumente, die gegen die historische Realität biblischer Personen vorgebracht werden, fünf Kategorien zu. Diese Kategorien hängen zwar zusammen und überschneiden sich zum Teil, aber für die Betrachtung ist es trotzdem hilfreich, sie zu unterscheiden. Das erleichtert das Verstehen und hilft auch, das Gewicht der einzelnen Argumente besser einzuschätzen. Wenn die Argumente miteinander verwoben und geballt vorgetragen werden, erscheinen sie oft als eine massive Wand, in der ein Stein den anderen trägt. Betrachtet man diese Wand aber genauer, dann sind die Steine sehr unterschiedlich tragfähig und viele erweisen sich nur als Pappmaschee, das keinem Druck standhält.

1. Fragt auch jemand, wann Rumpelstilzchen geboren wurde? – Formkritische Argumente

Beginnen wir mit den in der theologischen Forschung sogenannten formkritischen Argumenten dafür, dass viele biblische

Personen nur literarische Figuren sein sollen; dabei betrachten wir zuerst die Formen der Erzählungen. Es geht wesentlich um die Behauptung, dass die biblischen Erzählungen von ihrer Art her gar nicht so gemeint seien, dass hier von historischen Ereignissen die Rede ist. Wenn eine Geschichte mit „Es war einmal" beginnt und mit „Und wenn sie nicht gestorben sind, dann leben sie noch heute" endet, weiß der erfahrene Leser, dass es sich um ein Märchen handelt. König Drosselbart, Dornröschen und Rumpelstilzchen sind eindeutig und ausschließlich literarische Figuren. Niemand wird ihr Geburtsjahr herausfinden wollen oder nach dem von Rosen überwucherten Schloss suchen. Die Figuren und die Geschichte dienen allein dazu, für Ehrlichkeit, Mut und Tapferkeit zu werben, und wollen Mut machen, dass es am Ende für die Guten noch gut ausgehen kann. Auch wenn wir einen Schlager über Rosalie, Anita oder Rosamunde hören, denken wir uns keine lebende Person, sondern wissen, dass die Angebetete wahrscheinlich nur erdacht ist. Lesen wir aber ein Geschichtsbuch oder eine Biografie, dann gehen wir meist zu Recht davon aus, dass die Personen, von denen da die Rede ist, auch einmal die Luft dieser Welt geatmet haben. Und wir wissen, dass es auch Mischformen geben kann, etwa einen historischen Roman über einen Menschen, der wirklich lebte und auch das meiste wirklich erlebt hat, was wir lesen. Dann aber wurde, um die Person der Vergangenheit lebendiger zu machen und weil der Leser bestimmte Dinge gern wüsste, die unbekannt sind, das eine oder andere hinzugefügt und Lücken der Lebensgeschichte mit Phantasie ausgefüllt. Es könnte zwar so gewesen sein, aber es ist trotzdem erfunden.

Was ist eine mythische Erzählung?

Die literarischen Formen, die in der Bibel vorliegen sollen, sind natürlich keine Volksmärchen, wie sie die Brüder Grimm im 19. Jahrhundert sammelten. Die Formen seien eher Mythen, Ätiologien oder Heldengeschichten. Die Schöpfungsgeschichte in 1. Mose 1-3 soll ein *Mythos* sein, der Antwort auf die Frage nach dem Anfang der Welt und der Menschheit gibt. Diese alle Menschen bewegenden Grundfragen haben in fast allen Kulturen sogenannte Schöpfungsmythen hervorgebracht. Die biblische Geschichte sei auch ein solcher Mythos, und darum sei es völlig widersinnig anzunehmen, dass Adam und Eva oder auch Kain und Abel historische Personen waren. Die Geschichten kleiden angeblich nur Grundantworten auf die Frage nach dem Anfang des Seins, des Lebens und des Bösen in Erzählungen. Sogar die gesamten ersten elf Kapitel der Bibel müssten als ein solcher Mythos angesehen werden, und damit wäre natürlich auch Noah eine literarische Figur.

Ähnlich sieht es mit der Geschichte von Mose in den Büchern Exodus (2Mo) bis Deuteronomium (5Mo) aus. Es gehe um einen Gründungsmythos für das Königreich Israel. Der Mythos mit dem Auszug aus Ägypten, der Gesetzgebung und dem Zug ins Land Kanaan brauchte eine Kristallisationsfigur wie einen Mose. Also wurde aus einem midianitischen Hirten, der einzelnen, aus Ägypten stammenden Hirtenfamilien half, ein neues Zuhause in Kanaan zu finden, die literarische Figur Mose. Während man bei Adam und Eva als historische Grundlage für ihre Person nur die Idee eines Urelternpaares für alle Menschen vermutet, könnte Mose also einen historischen Kern haben, der aber nicht mit dem literarischen Mose der Bibel gleichgesetzt werden dürfte. Es ist hier nicht der Platz, all die Theorien zu entfalten, die im Zusammenhang mit der Entstehung der Mosefigur der Bibel vermutet werden, aber das Grundprinzip ist erkennbar. Auch bei Jona könnte ein tatsächlich einmal existierender Jona ben Amitai als historische Vorlage für den literarischen Jona des Prophetenbuches gedient haben. Aber jener Jona hätte diesem Jona nicht mehr als seinen Namen geliehen. Bei Hiob wiederum sei es um die Frage nach dem Leiden eines guten und gerechten Menschen gegangen. Der Hiob der Bibel, der wohl auch eine historische Vorlage gehabt haben mag, sei aber eine rein literarische Figur. Es soll eher so gewesen sein, dass viele Menschen einen Hiob kannten, also einen guten Menschen, der trotzdem litt, und sie sich dann fragten, wie das mit einem gerechten Gott zu vereinbaren sei, der die Guten belohnt und die Bösen bestraft. Die literarische Aufgabe dieser Figuren sei es also, grundlegende Menschheitsfragen im Sinne eines jüdischen Gottesglaubens zu beantworten. Dabei bediente man sich eben nicht einer philosophisch-theologischen Sachargumentation, sondern kleidete die Lehrsätze in Geschichten mit anscheinend einmal existierenden Personen.

Sogenannte *Ätiologien* sollen etwas nachträglich erklären, was die Menschen zu der Zeit, als die Erzählung verfasst wurde, vorfanden. Es gibt völlig verschiedene Sprachen, was bis heute nur schwer erklärt werden kann, und weil man ohne Erklärung nicht leben will, konstruiert man die Geschichte vom Turmbau zu Babel als historische Erklärung mit einem Eingreifen Gottes. Man sagt, dass zur Zeit der Abfassung des Jonabuches die Stadt Ninive nur noch als Trümmerfeld bekannt war. Die Erklärung für das Trümmerfeld sei dann die Geschichte von Jona, der die Vernichtung der Stadt ankündigte, wenn die Einwohner nicht von ihrer verkehrten Lebensweise umkehren. Damit ist eine Erklärung und eine moralische Warnung verbunden. Dass das Jonabuch ohne die Zerstörung Ninives endet und der ungehorsame Prophet vielmehr im Mittelpunkt zu stehen scheint, kann für die meisten kritischen Ausleger an der genannten Erklärung nicht rütteln. Wie die Geschichte nachträglich erfunden wurde, so natürlich auch die Hauptperson. Sicher könnte es einen jüdischen Propheten gegeben haben, der in Ninive predigte, aber diesen Jona der biblischen Jonageschichte sicher nicht.

Nun geben die meisten Theologen, die biblische Geschichten als Mythen einordnen, zu, dass offenbar zu allen Zeiten und auch bei allen innerbiblischen Bezugnahmen die fraglichen Personen der Bibel als historische Personen angesehen wurden. Dass gelegentlich der jüdische Philosoph und Pantheist Baruch de Spinoza (1632–1677) als früher Zweifler an einem historischen Mose genannt wird, macht umso deutlicher, dass die Infragestellung der Historizität biblischer Personen ihren eigentlichen Anfang erst in der historisch-kritischen Theologie des 19. und 20. Jahrhundert hat. Sie hat sich dann nach und nach als Allgemeingut durchgesetzt und ist erst in den letzten 20 bis 30 Jahren auch in konservativer und evangelikaler Theologie angekommen. Das ist so, als wäre es über Jahrhunderte Allgemeingut gewesen, dass Rumpelstilzchen kinderlos in einem nordhessischen Wald gelebt hat. Und nun entdeckt jemand allein an der Erzählung aus Grimms Märchenbuch, dass es sich doch nur um eine Phantasiefigur handelt. Die Frage stellt sich also, welche Signale in den biblischen Geschichten einerseits Jahrhunderte lang für Bibelleser unentdeckt blieben, nun aber andererseits so unzweifelhaft deutlich sind, dass sie eine nichthistorische Deutung geradezu erfordern.

Überzeugende Indizien für Mythen gesucht

In den folgenden Abschnitten werden noch andere Indizien für eine solche Deutung erläutert, aber wir wollen in diesem mit einer Gruppe anfangen, die man „märchenhafte Erzählelemente" nennen könnte. Was würde ein Leser von einer Geschichte halten, in der sprechende Tiere vorkommen und ein Baum, an dem Früchte wachsen, die ewig leben lassen? Er hört von Menschen, die mehrere hundert Jahre alt werden und jenseits der hundert noch Kinder zeugen, von Engeln, die mit Menschen Kinder zeugen, die dann Riesen werden. Dann liest er von Tieren, die Menschen verschlucken und sie am geeigneten Ort wieder ausspucken, und von einem reichen Mann, der erst durch zahlreiche Unglücke in wenigen Tagen alles verliert und schließlich nach überstandener Prüfung doppelt so reich wird wie vorher. Er liest, wie ein anderer Mann Stöcke in Schlangen verwandelt und Wasser zu Blut werden lässt. Mal lässt er Frösche vom Himmel regnen, und ein anderes Mal fällt süßes Brot herunter.

In jedem Buch wären solche Elemente in einer Geschichte ein Zeichen für Fiktion, für Phantasie und niemand würde verlangen, dass man die handelnden Personen als reale Menschen ansehen sollte. Zurecht belächeln wir Menschen, die die Welt der

Harry- Potter-Romane in die reale Welt verlagern und vielleicht selbst darin mitwirken wollen. Warum sollte es also bei der Bibel anders sein? Wenn man die Bibel als ein Buch wie jedes andere ansieht, dann muss sich dieses Buch mit den gleichen Maßstäben messen lassen und dann liegt eine Deutung vieler handelnder Personen als rein literarische Figuren nicht weit.

Innerhalb der Formkritik werden aus der Literatur bekannte Formen oder Genres in der Bibel aufgesucht und die biblischen Berichte dann anhand dieser Genres beurteilt. Die verschiedenen literarischen Grundformen sind auf dem Weg bestimmt worden, dass man aus einer Anzahl von literarischen Produkten eine Kategorie abstrahiert hat. Zuerst war die Erzählung von Hänsel und Gretel da, dann wurde im Vergleich mit anderen ähnlichen Geschichten daraus die Kategorie Märchen gebildet. Anhand bestimmter Merkmale haben etwa die Brüder Grimm festgelegt, was in ihre Märchensammlung als Märchen aufgenommen werden sollte und welche Geschichten, die ihnen sonst noch vorlagen, nicht dazu zählen sollten.

Die Einordnung in eine bestimmte Form ist auch, wenn sie sinnvoll ist, immer eine willkürliche Entscheidung, die aufgrund von Merkmalen gefällt wird, die vorher ebenso willkürlich festgelegt wurden. Es erscheint uns anhand bestimmter Merkmale relativ klar, was ein Brief ist. Aber diese Form oder dieses Genre sagt nichts über den Inhalt und dessen Historizität aus. Ein Brief kann einen Tatsachenbericht wiedergeben, eine blumige Liebeserklärung transportieren oder sogar ein Teil eines Briefromans sein. Andererseits gilt auch: Dass sich in einem Schriftstück bestimmte Merkmale eines Genres wiederfinden, macht es nicht zwangsläufig zu einem Teil des Genres. Das 5. Buch Mose enthält wohl Merkmale, die sich auch in alten Verträgen finden, aber es ist trotzdem kein altorientalischer Vertragstext. Auch von der Urgeschichte in 1. Mose 1–11 müssen alle Ausleger zugeben, dass es sich um einen einzigartigen Text handelt, der ein eigenes Genres begründen könnte, auch wenn man darin Merkmale finden kann, die an altorientalische Mythen erinnern. Dass es in Seefahrergeschichten die Figur des großen Fisches oder Seeungeheuers gibt, das Menschen verschluckt, macht weder das Jonabuch zu einer Seefahrergeschichte, noch lässt sich daraus schließen, dass das bei Jona Erzählte nicht so passiert sei. Eine märchenhaft klingende Geschichte könnte trotzdem ein historisches Ereignis berichten. Sie wird nicht zwangsläufig zum Märchen, weil dort von wunderhaften Ereignissen die Rede ist. Im Blick auf die Bibel ist es gerade in dieser Hinsicht von großer Bedeutung, dass das, was märchenhaft klingt, dort durchweg mit Ernst als Wunder berichtet wird, das auf das Handeln und Eingreifen Gottes zurückgeführt wird. Erst wenn man die Möglichkeit von Wundern in Zweifel zieht, werden die Berichte märchenhaft.

Biblische Bücher bilden eigene Kategorien

Mit der Einordnung biblischer Geschichten in bestimmte Genres gibt es aber ein weiteres Problem. Zwar kann man sagen, dass einzelne Geschichten einzelne Merkmale bestimmter literarischer Formen erkennen lassen, aber insgesamt bilden die meisten biblischen Bücher doch eher eigene Formen, als dass man sie anderen Formen zuordnen kann. Die biblischen Prophetenbücher haben in der gesamten Literaturgeschichte der Welt keine Parallelen. Es gibt kein anderes Buch, dass dieser Kategorie zugeordnet werden könnte. Das ist mit der biblischen Urgeschichte ganz genauso. Trotz einzelner ähnlicher Motive in altorientalischen Schöpfungsmythen, die später noch besprochen werden, gibt es kein anderes Buch dieser Kategorie. Das Gleiche gilt für die meisten anderen Formen, die wir in der Bibel finden. Das Psalmenbuch ist einzigartig, obwohl es doch aufgeschriebene Lieder und Gebete vereinigt, die es zu Tausenden in der Literatur gibt. Die neutestamentlichen Briefe sind Briefe wie Millionen andere und doch einzigartig in der gesamten Weltliteratur; und das sogar, obwohl es christliche Briefe gibt, die die biblischen Briefe teilweise nachahmen wollen. Damit aber ist das ganze Argument, dass die biblischen Geschichten über die angezweifelten Personen Genres zugeordnet werden müssten, die nichts Historisches berichten wollen, hinfällig.

Trotzdem darf man natürlich fragen, ob die Autoren der Berichte über die in Zweifel stehenden Personen überhaupt historische Tatsachen wiedergeben wollten oder ob ihre Geschichten von vornherein als Mythen angelegt waren. Dann wäre es ein Fehler der Leser, wenn sie die Geschichten als wirklich geschehen deuten. Weil aber offenbar die biblischen Personen immer als historisch verstanden wurden, gibt es zwei Möglichkeiten: Entweder die Autoren gaben Signale, die aber niemand vor dem 19. Jahrhundert richtig verstanden hat, oder sie täuschten Historizität vor, wo keine war. Dass es sich bei den biblischen Geschichten um eine böswillige Täuschung handelt, wird nicht ernsthaft behauptet und widerspräche auch dem Anspruch, wahre Glaubensaussagen zu machen. Nun behaupten manche, dass es für Schreiber und Leser früher normal gewesen sei, dass bei Glaubensinhalten die historischen Tatsachen irrelevant und deswegen regelmäßig überwiegend fiktional gewesen seien. Nur finden sich dafür keine überzeugenden Belege. Offenbar unterschieden frühere Leser nicht viel anders als wir. Dass andererseits die ersten Leser, die aus dem gleichen Kulturkreis wie die Autoren stammten und auch zeitlich nah dran waren, die Absichten grundsätzlich falsch verstanden und diese erst mehr als 2000 Jahre später „wiederentdeckt" werden konnten, brauchte starke Argumente. Die aber gibt es nicht.

Romanhaft oder nicht?

Wie unterscheiden wir heute, ob eine erzählte Geschichte von einem historischen Ereignis handelt oder einfach nur erfunden ist, ob zur Unterhaltung oder um eine Lebensweisheit zu transportieren oder wozu auch immer? Es gibt eine Zeitschrift mit dem Titel „Schuld", in der auf den ersten Blick Menschen erzählten, wie sie an anderen schuldig wurden und wie sie dann damit umgingen. Eine Frau berichtete von einer Affäre, ein Mann von einem Betrug in der Firma usw. Auf den ersten Blick scheinen es

„wahre" Geschichten zu sein, auch wenn die beigefügten Fotos offensichtlich gestellte Aufnahmen waren. Wer sich das Impressum genauer anschaut, findet einen klaren Hinweis, dass sämtliche Geschichten im Stil von sogenannten Frauenzeitungen von einem Autorenteam erfunden wurden. An der Geschichte und dem Schreibstil allein ist nicht sicher zu erkennen, ob es sich um Wahrheit oder Fiktion handelte. Gäbe es nicht die eindeutige Auflösung im Impressum der Zeitung, wäre eine Täuschung möglich, und vielleicht halten auch manche Leser die Geschichten für wahr. Aber dass einzelne oder auch viele Leser einen biografischen Roman für die Wiedergabe einer historischen Lebensgeschichte halten, ändert nichts daran, dass eine eindeutige Entscheidung zwischen beidem möglich ist. Sherlock Holmes, der Graf von Monte Christo, Robinson Crusoe oder Kapitän Ahab und Moby Dick bleiben immer rein literarische Figuren, auch wenn sich viele britische Zeitgenossen bei Sherlock Holmes nicht mehr sicher sind. Wenn eine fiktive Geschichte ernsthaft anderes behauptet, würde man das als Täuschung ansehen und sobald es bekannt würde, würde darüber aufgeklärt. Dass eine fiktive Geschichte so passiert sein könnte und ihre Personen gelebt haben könnten, die Ereignisse an realen Orten geschildert und historische Ereignisse eingebaut werden, kann ein Qualitätsmerkmal eines Romans sein und ist kein Täuschungsversuch. Aber bei allem unterscheiden wir in aller Regel zuverlässig zwischen realer Person und literarischer Figur.

Damit erweist sich die erste Gruppe von Argumenten, die dafür vorgebracht werden, dass viele biblische Personen nur fiktiv seien, als nicht tragfähig. Was auf den ersten Blick sehr plausibel klingt, stimmt einfach nicht. Bei den biblischen Erzählungen handelt es sich nicht um Formen, die prinzipiell keine historischen Personen darstellen wollen. Es sind keine mythischen Geschichten. Ihre „märchenhaften" Elemente müssen andere Gründe haben. Sie sind keine Signale dafür, dass wir Adam, Noah, Mose, Jona oder Hiob nicht für historische Personen halten sollen. Es liegt bei uns als Leser kein Irrtum vor, wenn wir von ihrer Historizität ausgehen. Es finden sich auf der anderen Seite auch keine tragfähigen Indizien dafür, dass uns die Autoren absichtlich täuschen wollten. Sie hielten die Personen für real und historisch und berichteten genauso. Damit bliebe nur noch die Möglichkeit, dass sich die Autoren selbst getäuscht haben. Diese Frage muss nach anderen Argumenten noch bedacht werden.

2. Wahrheit oder Dichtung? – Sprachliche Argumente

Die Gruppe der sprachlichen Argumente reicht vom Zweifel daran, dass historische Wahrheit überhaupt in Gedichtform vorgetragen wurde, über die Behauptung, aus einer angenommenen Wortgeschichte könne man auf die reale Geschichte schließen, bis zur Vermutung, dass einzelne Wörter aus einer späteren Sprachentwicklung auch eine so späte Entstehung der Geschichte bewiesen, dass darin kaum noch historische Wahrheit enthalten sein könnte.

Kann Dichtung Wahrheit sein?

Wer sich die biblischen Bücher als Ganze und die darin enthaltenen Berichte, Reden und Erklärungen genau anschaut, wird fast überall eine kunstvolle Gestaltung der Texte entdecken können. Das wird sogar noch in Übersetzungen deutlich, ist aber in den hebräischen Texten überhaupt nicht zu übersehen. Betrachten wir das Buch Hiob, dann finden wir eine erzählte Rahmenhandlung vom Reichtum, Unglück und Wiederaufstieg des Hiob durch Gottes Handeln und einen größeren Teil an Rede und Gegenrede, der in dichterischer Form vorgetragen wird. Will man sich die historische Entstehung des Buches vorstellen, die für eine historische Person Hiob notwendig wäre, dann mag man sich fragen, ob Hiob und seine Freunde tatsächlich in höchster Not in Gedichten miteinander geredet haben. Es gibt offenbar Menschen, die dazu in der Lage wären, ihre Gedanken aus dem Stegreif in Versen aufzusagen, aber realistisch erscheint diese Vorstellung bei Hiob nicht. Und als Jona im dunklen Bauch des Fisches war, sollte er da sein Gebet wirklich in schönen Psalmversen gesprochen haben und dann in drei Tagen auch nur soviel, dass es heute keine zehn Verse sind? Die Schöpfungsgeschichte ist kaum weniger kunstvoll gebildet. Ist es da nicht viel naheliegender, dass man sich einen Autor vorstellt, der das Ganze in langer schriftstellerischer Arbeit in seinem Kopf entstehen lässt und dann zu Papier bringt? Er könnte dabei eine oder mehrere historische Personen als Anknüpfungspunkt genommen haben und dann daraus kunstvoll seine literarischen Figuren des leidenden Gerechten oder des ungehorsamen Propheten gestaltet haben. Dass so etwas möglich ist, muss man nicht bestreiten; dass es plausibel sein kann, ist nicht von der Hand zu weisen; aber dass es wirklich so war, das beweisen die sprachlichen Formen keineswegs.

Der Bruch liegt dabei nicht in der Annahme, dass die historischen Gespräche, Reden oder Gebete in der ursprünglichen Entstehungssituation wahrscheinlich deutlich weniger kunstvoll waren. Auch Martin Luther hat im Blick auf Hiob gemeint, man müsse sich nicht vorstellen, die Reden seien ursprünglich so dichterisch gehalten worden. Anders als in den Vorlesungen und am Tisch von Martin Luther werden wohl auch keine Stenographen die Worte gleich festgehalten haben. Der Bruch geschieht mit dem unbegründeten Verdacht, dass Dichtung weniger historische Wahrheit transportiere als Prosa. Das aber hat keine logische Notwendigkeit, es ist nur ein Kurzschluss. Es ist zwar so, dass Poesie häufiger bildhafte Rede enthält. Das heißt aber weder, dass alles, wovon sie redet, nur als Gleichnis verstanden werden soll, noch dass man poetisch immer unhistorisch redet. Das wird umso deutlicher, wenn man sich vergegenwärtigt, dass Dichtung immer anzeigt, dass sich der Autor besondere Mühe gegeben hat, etwas zu berichten. Er tut das nicht einfach in der Alltagssprache, sondern wägt jedes Wort ab und fügt alles kunstvoll zusammen. Warum sollte darunter die historische Wahrheit leiden müssen? Dass der Schluss unzulässig ist, verdeutlicht auch, dass von Mose und dem Zug durch das Schilfmeer in 2. Mose in Prosa und in Psalm 106 in Poesie gesprochen wird. Die Menschwerdung von Jesus kann im Neuen Testament nüchtern erzählt werden und in Philipper 2 in einem Lied dichterisch zum Ausdruck gebracht werden. In unserer Kultur mag es heute unüblich sein, aber vor den Zeiten der modernen Nachrichtenkultur wurden historische Ereignisse auch kunstvoll auf Märkten oder Festen vorgetragen. Dabei wollten die Ausrufer und Erzähler genauso einen historischen Bericht geben wie eine künstlerische Leistung zeigen. Ein gedichteter Bericht lässt keineswegs direkt auf mangelnde historische Zuverlässigkeit schließen, auch wenn dies für uns in einem modernen Geschichtsbuch naheliegend sein mag. In anderen Kulturen ist das offenbar nicht der Fall und in der biblischen Erzählkultur offenbar auch nicht.

Nomen est Omen? Was beweisen die Namen?

Als weiteres sprachliches Argument wird auf die Namen der handelnden Personen verwiesen. „Adam" heißt übersetzt einfach „Mensch". Das scheint ein Gattungsbegriff zu sein und weniger der Vorname einer einzelnen Person. Wenn man außerdem davon ausgeht, dass sich das Hebräisch, in dem „Adam" Mensch bedeutet, wahrscheinlich erst in späteren Zeiten der Sprachgeschichte entwickelt hat, dann ist es naheliegend anzunehmen, dass die Geschichte nur allgemein von der Schöpfung der ersten Menschen spricht und gar keinen historischen, einzelnen Mann mit diesem Namen meint, dem wir die Hand hätten schütteln können, wenn wir dabei gewesen wären. In der sogenannten Völkertafel in 1. Mose 10,6 heißt es dann, dass Ham einen Sohn hat, der „Ägypten", und einen, der „Kanaan" hieß. Auch andere Namen scheinen eher Völker zu meinen als einzelne Personen. Wenn aber hier eher von Völkern als von einzelnen Personen die Rede ist, dann müssen im Umfeld auch keine echten Personen gemeint sein. Dann ist es auch nicht notwendig, Ham oder seinen Vater Noah als historische Person anzusehen. Schon die Sprache deute darauf hin, dass einfach eine theologische Erklärung für die Existenz bestimmter Völker gegeben werde, aber keine historische Geschichte gemeint sein könne.

Tatsächlich haben Namen im AT fast immer eine Bedeutung und auf diese Bedeutung wird oft auch angespielt. Da heißt einer Peleg, Teilung, weil zu seiner Zeit die Erde oder das Land geteilt wurde (1Mo 10,25). Abraham ist der Vater vieler Völker, was in seinem Namen anklingt (1Mo 17,5). Allerdings sind deswegen Namensänderungen nach bestimmten Ereignissen und zur Verbindung der Person mit dem Ereignis nicht unüblich. Abram wird zu Abraham, Jakob wird zu Israel, Gideon erhält den Namen Jerubaal. Dieses Phänomen zieht sich tatsächlich durch die ganze Bibel und ist offenbar ein anderer Umgang mit Namen, als wir ihn gewohnt sind. Es ist dadurch auch nicht ungewöhnlich, dass die gleiche Person mehrere Namen hat. Der midianitische Schwiegervater von Mose hieß Jitro, aber in 4. Mose 10,29 auch Reguel, vielleicht zwei verschiedene Personen, aber wahrscheinlicher einfach ein zweiter Name. Dabei konnten Namen im Sinne ihrer Bedeutung offenbar auch in andere Sprachen übersetzt werden. Im Neuen Testament ist Petrus ein Beispiel dafür, dessen hebräischer Name „Kephas" genauso „Fels" heißt, wie das griechische „Petrus". Dabei trug er doch von Geburt an den Namen „Simon".

Dass Adams Name die Bedeutung „Mensch" hat und dass diese Bedeutung in verschiedenen Sprachen mit anderen Wörtern ausgesagt wird, sagt also gar nichts darüber aus, ob er als erster Mensch existierte. In welcher Sprache, d. h. mit welchem Lautklang Eva ihren Adam rief, ist also völlig unerheblich und darum auch, ob es die hebräische Sprache am Anfang der Welt gab oder nicht. Christen sollte klar sein, dass auch die Jünger von Jesus, diesen nicht mit dem uns bekannten lateinischen Lautklang angesprochen haben, obwohl in seinem Namen das Heil liegt. Es besteht auch kein Problem darin, dass orientalische Christen Jesus „Isa" nennen. Viel interessanter ist, dass im Namen Adam seine Verbundenheit mit dem Erdboden ausgedrückt wird, der *adama* heißt. In der babylonischen Sprache heißt der Mensch *awilu* und es klingt der Gottesname „Ilawela" an, weil der Mensch als von Göttern bewohnt gedacht wurde und in bestimmten Fällen sogar als eine Art Verkörperung eines Gottes.

Dass Jonas Name „Taube" bedeutet und vielleicht eine Anspielung auf die Geschichte von der Sintflut ist, hat keinerlei Einfluss auf die Entscheidung, ob Jona als Mensch aus Fleisch und Blut lebte oder nur die Kopfgeburt eines Schriftstellers ist. Ein Schriftsteller könnte sich natürlich ausdenken, dass ein Prophet zum rettenden Signalgeber für die Stadt Ninive werden soll, der aus seiner persönlichen Sintflut wie eine Friedenstaube aufsteigt; und den nennt er dann „Jona". Andere Ausleger deuten den Namen „Jona" allerdings eher mit Hosea 7,11 als „leicht zu betören" und „ohne Verstand". Sie meinen, der Autor habe eine humorvoll, ironische Karikatur gezeichnet, aber eben keine historische Person. Ob so oder so, es wird dadurch der Name kein Indiz dafür, dass Jona ben Amittai aus Gat-Hefer nie lebte. Kein englischer Räuber, der Rob heißt, könnte seinen Namen als Indiz dafür vorbringen, dass er es nicht gewesen sein kann. Kein Kaufmann, der „Kaufmann" heißt, kein Bauer, der „Bauer", und kein Maler, der „Maler" heißt, wird dadurch unwirklich.

Wie schwach dieses Argument ist, wird spätestens beim Umgang mit dem Mosenamen deutlich. Obwohl er klar ägyptischen Ursprungs ist und in seiner übersetzten Bedeutung so viel wie „von Gott geboren" heißt, lässt man ihn nicht als Argument für einen historischen Mose gelten. Der Name könne bei so starkem Austausch mit Ägypten von einem Autor bewusst so gewählt worden sein, um einem literarischen Mose einen ägyptischen Einschlag zu geben. Während das Namensargument bei den anderen angezweifelten Personen tatsächlich auf tönernen Füßen steht, ist gerade der Mosename ein starkes Indiz für einen historischen Mose, denn beim Umgang der Hebräer mit Namen erwartete man viel eher, dass dieser Name übersetzt worden oder wenigstens durch eine Namensform von Jahwe ergänzt wäre, vielleicht

Jah-mose, wie bei Tutmose, dem ägyptischen Pharao mit einem Gottesnamen. Ähnliches lässt sich auch für den Hiobnamen sagen. Er stammt eindeutig aus dem nichtisraelitischen Umland und findet sich sowohl in ägyptischen Listen aus dem 20. bis 14. Jahrhundert v. Chr. als auch in den Armarnabriefen, einer internationalen Korrespondenz zwischen Ägypten und den vorderasiatischen Reichen. Aber als Argument für die historische Situation des Hiobbuches (Patriarchenzeit im kanaanäischen Grenzgebiet) darf das meist nicht gelten.

Wer mit Sprache argumentiert, sollte die Gesetze von Sprache kennen

Es gibt noch eine Reihe weiterer sprachlicher Argumente, von denen hier nur eine Auswahl benannt werden kann, die aber ungefähr deutlich macht, worum es dabei geht. Wenn es in 1. Mose 2,7 heißt, dass Adam aus Staub, hebräisch „aphar", gemacht worden ist, dann wird gesagt, dass das nur symbolisch gemeint sein könne, weil man aus trockenem Staub nichts formen kann. Es sei dort nicht von Lehm oder Ton, hebräisch „chomär", die Rede. Auch andere Worte (genannt werden *rakia* = Feste oder *mayim* = Wasser) bewiesen, dass hier symbolisch geredet werde, so dass Adam und Eva auch nur symbolische Figuren sein könnten. Solche Argumente erwecken den Eindruck, als ob man den genauen Gebrauch eines Wortes und sein fest umrissenes Bedeutungsfeld bestimmen könnte. Das ist schon für aktuelle Sprachen nur begrenzt möglich und wandelt sich ständig, wie sollte man das für die hebräische Sprache von vor mehr als 2500 oder mehr Jahren bestimmen können. Man überlege nur einmal beispielhaft, was der Ausruf: „Das ist ein Hammer!" alles bedeuten kann. Außerdem wird das Wort „aphar" trotz seiner klaren Bedeutung durchaus vielfältig gebraucht. Man kann auch nicht ausschließen, dass es bestimmte Idiome gibt, die neben der wörtlichen auch eine bildliche Bedeutung trugen, wie das bei „in den Staub fallen" gegeben ist. So eindrücklich die Behauptungen scheinen mögen, meistens sind sie schon deswegen zweifelhaft, weil sie grundlegend missachten, wie Sprache funktioniert.

Im Blick auf das Buch Jona verweisen manche darauf, dass es aramäische Worte enthalte, die erst aus dem 3. oder 2. Jahrhundert v. Chr. stammten und deswegen nicht in einer Zeit um 780 v. Chr. gesprochen wurden. Wenn aber eine Geschichte 400 oder 500 Jahre zurückdatiert wird, dann erscheinen die Personen nicht als historisch. Eine solche Behauptung kann nur immer eine Vermutung bleiben, weil es unmöglich ist und bleiben wird, eine genaue Sprachgeschichte für die altorientalischen Sprachen zu rekonstruieren. Unser Wort „Joghurt" stammt offenbar aus dem Türkischen, ist aber in vielen Sprachen auf der Welt vorhanden. Wann es genau zu uns kam, ob schon im 17. (erstes gesichertes Vorkommen in der englischen Sprache) im 18. (bewiesenes Vorkommen im Niederdeutschen) oder erst Anfang des 20. Jahrhunderts, ist genauso unsicher wie der Weg, auf dem es seinen Platz in die deutsche Sprache fand. Nicht anders dürfte das vor 2800 oder 2300 Jahren gewesen sein. Weil einzelne Wörter, die es auch im Aramäischen gibt (*mallachim* = Seeleute; *chobel* = Matrose; *'aschat* = gedenken), bei Jona im Zusammenhang mit den Seeleuten stehen oder in ihrer Rede vorkommen, vermuten einige Ausleger deswegen auch eher eine phönizische Herkunft der Wörter. Das aber würde gut in einen historischen Rahmen des Buches im 8. Jahrhundert passen.

Auch ein anderes denkbares Geschehen würde die Personen und Ereignisse der Schrift nicht unhistorisch machen. Es steht außer Zweifel, dass die biblischen Bücher auch eine Geschichte der Überlieferung haben. Sie wurden nach dem ersten Aufschreiben immer wieder abgeschrieben und verbreitet. Das geschah über Jahrhunderte. In dieser Zeit hat sich die Sprache verändert. Das ist ein Charakteristikum aller Sprachen zu allen Zeiten. Dabei kommen auch einzelne Wörter so weit aus dem Gebrauch, dass sie von vielen Sprechern nicht mehr verstanden werden. Bis vor sechzig Jahren war z. B. das Wort „sintemal" vielfach in der Lutherbibel zu finden, heute ist es den allermeisten Deutschen unbekannt.

Das hat es in der hebräischen Sprache auch gegeben. Wenn nun im Laufe des wiederholten Abschreibens einzelne alte Wörter, die aus dem Gebrauch gekommen waren, durch neuere Wörter ersetzt wurden, dann finden sich in der Abschrift des Buches „moderne" Wörter, die es vielleicht zur Zeit des ersten Aufschreibens noch nicht gab. Aber sie sind kein Beweis dafür, dass das erste Aufschreiben erst stattgefunden hat, als die Wörter im Gebrauch waren. Dass in 1. Mose 14,14 zu lesen ist, dass Abraham den Entführern seines Neffen Lot bis nach Dan hinterher jagte, ist kein Beweis dafür, dass das 1. Buch Mose erst lange nach dem Tod von Mose aufgeschrieben wurde. Zu Abrahams und auch noch zu Moses Zeiten hieß die Stadt Laisch. Erst in der Richterzeit wurde sie in Dan umbenannt (Richter 17 und 18). Wir gehen davon aus, dass spätere Abschreiber oder Bearbeiter den Namen aktualisierten. Solche Bearbeitungen sind übrigens bis in die Neuzeit hinein bei einer Neuauflage älterer Bücher nicht ungewöhnlich, wie etwa die Diskussion um die Ersetzung des Wortes „Neger" in vielen klassischen Kinderbüchern zeigt. Sicher will niemand sagen, dass Astrid Lindgren oder Otfried Preußler ihre Bücher nicht geschrieben haben können, weil das Wort „Farbige" erst nach ihrem Tod aufkam.

Keines der sprachlichen Argumente kann für sich beweisen, dass die angezweifelten Personen nur literarische Figuren sind. Sie dienen immer nur als Kitt für formgeschichtliche oder für religionsgeschichtliche Argumente, wie sie im nächsten Abschnitt besprochen werden. Nicht einmal als Indizien sind sie stark, weil sie bei näherem Hinsehen nicht mehr als vage Vermutungen sind, die zudem oft sprachliche Erscheinungen überinterpretieren, was spätestens dann deutlich wird, wenn man ähnliche Phänomene in unserer aktuellen Sprache näher betrachtet.

3. Klingt das nicht babylonisch? – Religionsgeschichtliche Argumente

Bei der Religionsgeschichte geht es darum, zu erforschen, wie sich Religion oder auch nur religiöse Vorstellungen entwickelten.

Lange Zeit bestimmten die Vorgaben der Bibel die grundlegenden Vorstellungen über die Entwicklung und die Geschichte der Religionen. Heute aber hat man ganz andere Vorstellungen, etwa die, dass zuerst überall die Vielgötterei bzw. der Polytheismus vorherrschte und die Einführung eines Monotheismus erst eine späte Erscheinung der Menschheitsgeschichte ist. Man geht davon aus, dass zunächst primitive Naturreligionen vorherrschten und sich erst später höhere Formen der Gottesverehrung entwickelten. Das verändert auch den Blick auf die Bibel. Die Entdeckung und Entzifferung zahlreicher altorientalischer Schriftstücke hat im 19. und 20. Jahrhundert die Religion Israels, wie sie das Alte Testament darstellt, in einem ganz anderen Licht erscheinen lassen. Die Dokumente, meist Tontafeln und vereinzelt Stelen und Papyrusschriften, waren offenbar älter als alles, was bisher aus Israel bekannt war. Sie reichten ins 2. und teilweise sogar ins 3. Jahrtausend vor Christus zurück. Die spektakulären Funde wurden zu einem großen Teil nach Europa gebracht, in Museen ausgestellt und intensiv erforscht. Dabei entdeckten die Forscher zahlreiche Motive, die ihnen aus dem Alten Testament bekannt vorkamen.

Bibel oder Babel? Was war zuerst?

Das war die Grundlage für den Bibel-Babel-Streit, in dem es im Wesentlichen darum ging, ob es weiter gerechtfertigt sein kann, das im AT Berichtete als älter und ursprünglicher anzusehen. Im Blick auf selbst die frühesten Annahmen zur Entstehung der Bibel hatten viele babylonische oder akkadische Dokumente offenbar ein höheres Alter. Sie wurden vor den biblischen Texten aufgeschrieben. Berücksichtigt man nun einerseits, dass die Nation Israel erst mit David und Salomo überhaupt gefestigt war und die Religion Israels auch danach noch wenig verankert zu sein schien, und andererseits dasselbe Volk in großen Teilen und nach der ersten Wegführung nach Babel ab 605 v. Chr. auch lange Zeit unter der Herrschaft Babylons und im Staatsgebiet der Babylonier lebte, dann erschien es sehr wahrscheinlich, dass das einen starken Einfluss auch auf die religiösen Überzeugungen der Israeliten haben musste. Im Laufe der Zeit setzte sich in der Theologie in Europa die Vorstellung durch, dass die endgültige Herausbildung der religiösen Überzeugungen der Israeliten, wie wir sie im AT vorfinden, erst in der Begegnung und Auseinandersetzung mit der babylonischen Religion stattfand. Die Jahwereligion, die schon vorher in Israel vorhanden war, habe viele Positionen erst im Gegenüber zu Babels reichhaltigem religiösen Vorstellungen festgeschrieben und sich auch erst dort gegenüber anderen Strömungen durchgesetzt.

Im Hinblick auf viele Personen des Alten Testaments hätte sich eine vorhandene Grundstruktur mit einzelnen historischen Anknüpfungspunkten aus der Zeit in Israel mit prägenden Motiven aus Babel verbunden. Die biblischen Personen Noah oder Hiob zum Beispiel seien eigentlich literarische Konstruktionen, die ähnlichen Personen in der babylonischen Literatur gegenübergestellt worden seien. Die Schöpfung Adams und Evas sei in der biblischen Fassung eine Weiterentwicklung und zugleich eine Gegenposition zu den im babylonischen Reich vorhandenen Schöpfungsmythen. Das ist nach dieser Vorstellung durch verschiedene, teilweise auch konkurrierende Priesterschulen geschehen, die zu den jüdischen Verbannten in Babel gehörten. Wenn sich die jüdische Religion erst im 5. bis 3. Jahrhundert v. Chr. so herausgebildet hat, wie wir sie im AT wahrnehmen, dann müssen auch die menschlichen Personen, die als Träger und Verkünder dieses Glaubens im AT auftreten, Bildungen dieser Zeit sein. Dann kann es zwar eine Mosefigur im Sinne einer Sage vom Helden für Israel in der Überlieferung gegeben haben, die man mit nach Babel brachte. Der Mose der Bibel als Verkünder des Jahweglaubens aber wäre dann nur eine literarische Konstruktion.

Wie man sich solche Entwicklungen auf der Ebene der Literatur vorstellt, ist Thema des nächsten Abschnitts. Hier soll es zuerst um den Glauben und die Religion Israels gehen.

Gab es eine Evolution des jüdischen Glaubens?

Auch wenn es in der Bibel nur wenige klare Hinweise auf die Religion gibt, auf die die entführten Israeliten in Babel trafen, so ist es unzweifelhaft, dass sie hier ganz anderen Vorstellungen begegneten, als wir sie aus der Bibel kennen. Die Frage ist, ob sie diesen mit einem gefestigten Glauben begegnen konnten oder ob die Religion Israels sich erst gegenüber der vielfältigen Götterwelt mit ihren großen Mythen, hymnischen Götterliedern, Dialogen zwischen den Göttern und ihren Götterlisten gebildet hat. Kamen also die Israeliten mit dem Glauben an verschiedene Götter El, Elohim, Jahwe, Baal, Aschera und entspann sich in der Begegnung mit der babylonischen Religion ein innerer Kampf, in dem ein Monotheismus siegte, der Jahwe als den einzigen Gott festschrieb? Bildeten sich dann entlang dieses inneren Ringens um einen jüdischen Glauben auch die wesentlichen Personen der Bibel als Kristallisationspunkte, Träger und Verkünder dieses Glaubens heraus? Man muss sagen, dass sich der Mainstream der wissenschaftlichen Theologie auf ein solches Szenario festgelegt hat. Es erscheint ihnen zwar legitim, nach einem historischen Kern biblischer Personen zu fragen. Andererseits kommt ihnen die Annahme, dass Adam, Noah, Mose, Jona, Hiob und zahlreiche andere Personen historisch so gelebt haben, wie die Bibel sie schildert, als undenkbar und völlig abwegig vor. Viele dieser Forscher hätten den Eindruck, dass sie jede Wissenschaftlichkeit hinter sich ließen, wenn sie so etwas annähmen. Eine Diskussion, wie wir sie hier führen, disqualifiziert in ihren Augen den Theologen, so dass man dafür auch schon mal „granatendoof" genannt werden kann.

Fragt man sich, worauf die dargestellte Überzeugung beruht, dann sind es einerseits religionsphilosophische Vorstellungen darüber, wie Religionen entstanden sind und sich entwickelt haben. Die meisten Theorien haben allerdings keine geschichtlichen Belege und sind reine Modellvorstellungen. Dazu gehört etwa die Behauptung, dass der Glaube an viele Götter, der Polytheismus, zuerst verbreitet und ursprünglich war und der Glaube an einen Gott, der Monotheismus, eine spätere Entwicklung darstellt. Für unsere Diskussion wichtiger sind Ähnlichkeiten, die man insbesondere zwischen den altorientalischen Religionen und der jüdischen wahrnimmt und die auf eine Abhängigkeit voneinander zurückgeführt werden. Vereinfacht gesagt, hätten die Israeliten bei den Religionen Mesopotamiens abgekupfert. Dass man das als Möglichkeit nicht so einfach abtun kann, zeigt ein Blick auf die im 7. Jahrhundert n. Chr. entstandene islamische Religion, die offenbar mit dem Judentum und dem Christentum in Zusammenhang steht und als eine arabische Weiterentwicklung gedeutet werden kann. Zwar behauptet der Islam selbst, eine direkte Offenbarung von Gott zu sein, aber in der wissenschaftlichen Gemeinschaft gibt es keinen Zweifel an der Abhängigkeit von Judentum und Christentum. Könnte es nicht mit dem alttestamentlichen Glauben ganz ähnlich gewesen sein? Betrachten wir einzelne Beispiel, um uns klar zu werden, ob beides wirklich vergleichbar ist.

Noah – ein Abklatsch aus Babylon?

Der babylonische Noah heißt im Gilgamesch-Epos, das im 19. Jahrhundert entdeckt und aus Keilschrifttafeln teilweise wiederhergestellt werden konnte, Utnapischtim. Er ist es auch, der Gilgamesch die Geschichte von der Flut und dem Bau eines rettenden Schiffes auf der 11. Tafel dieses Epos erzählt. Bis heute sind nicht alle Bruchstücke der Tontafel vollständig zugeordnet und übersetzt. In den letzten Jahren hat es deswegen immer wieder kleinere Ergänzungen und neue Deutungen gegeben. Außerdem gibt es offensichtlich mehrere Versionen des Epos, die über die Jahrhunderte auch in mehreren Varianten verbreitet waren. Der rote Faden in allen Varianten ist die Suche des Menschen Gilgamesch nach ewigem Leben. Da er gehört hat, dass Utnapischtim das erreicht hat, will er erfahren, wie das möglich war, um es dem Utnapischtim gleichzutun. Als er ihn findet, hört er die Geschichte, die laut Utnapischtim bis dahin ein Geheimnis war.

In der Geschichte, die in einer Variante in der sumerischen Stadt Schuruppak spielt, beschließen mehrere Götter, eine große Flut kommen zu lassen. Der Grund dafür ist zuerst nicht ganz klar. Die Flut scheint einerseits als Strafe gedacht zu sein, vielleicht für den Lärm, mit dem die Menschen die Götter stören. Allerdings spielt Neid unter den Göttern auch eine Rolle, denn die Götter haben eine unterschiedlich enge Beziehung zu den Menschen. Der Gott Enlil hatte mit der Flut beabsichtigt, sämtliche Menschen zu töten, während Ea den König der Stadt, Utnapischtim, und seine Familie retten will. Der Auftrag zum Schiffsbau scheint jedenfalls von Ea gekommen zu sein. Utnapischtim soll aus dem Material eines Schilfhauses ein großes würfelförmiges Schiff mit sechs Stockwerken bauen. Form und Ausmaße entsprechen dem babylonischen Tempelturm. König Utnapischtim hat viele menschliche Helfer, die an dem Schiff aus Schilf und Holzbalken bauen, das zuletzt mit Erdpech abgedichtet wird. Er betrügt die Menschen allerdings über seine Absichten, indem er ihnen auf Rat des Weisheitsgottes Ea erzählt, er müsse zum Schutz vor dem Zorn des Gottes Enlil, zu seinem Schutzgott reisen und brauche dazu das Schiff. Er sagt den Menschen, wenn er mit dem Schiff abgereist sei, werde sich der Zorn Enlils legen und der werde die Stadt dann segnen. Utnapischtim belädt das Schiff nach sieben Tagen Bauzeit mit Gold und Silber, mit Proviant, Samen und wohl auch einigen lebenden Tieren. Er verschenkt seinen Palast, geht mit seiner Familie ins Schiff und verschließt die Tür. Ein Sturm und dunkle Wolken bringen Regen, der innerhalb eines Tages alles überflutet und die Menschen ertrinken lässt. Auch die Götter selbst müssen vor der Flut fliehen und sich aus den Tempeln zurückziehen. Bald bereut vor allem die Göttin Ischtar, dass sie den Beschluss unterstützt hat, und alle Götter weinen sieben Tage lang, bis ein starker Sturm das Wasser wieder sinken lässt. Utnapischtim landet mit seinem Schiff am Berg Nisir und lässt nacheinander eine Taube, eine Schwalbe und einen Raben fliegen. Die ersten beiden kehren zurück, der Rabe bleibt weg. Daraufhin öffnet er das Schiff und bringt den Göttern Opfer, die sich so darüber freuen, dass sie wie ein Fliegenschwarm herbeikommen. Nur Enlil ärgert sich, als er die überlebende Familie sieht. Er wird aber vom Gott Ninurta ermahnt und belehrt, dass man die Menschen zwar durch wilde Tiere oder eine Hungersnot töten könne, aber nicht alle durch eine umfassende Flut. Enlil besinnt sich daraufhin und erhebt Utnapischtim in einen gottgleichen Zustand. Er heißt von da an der „ferne Utnapischtim" und ist unsterblich.

Echte Verbindungen oder nur zufällige Ähnlichkeiten?

Wir erzählen diese Geschichte, weil sie als einzige von allen bekannten altorientalischen Mythen so viele Parallelen zu dem biblischen Bericht hat, dass es einen Zusammenhang geben muss. Alle anderen Parallelen sind nicht mehr als Anklänge. In den Schöpfungsmythen finden sich Motive, die an einzelne biblische Motive erinnern. Es gibt einmal einen besonderen Lebens- und Wahrheitsbaum, mehrfach wird berichtet, die Menschen seien aus Erde gemacht, allerdings vermischt mit dem Blut eines Gottes, der mal dafür geschlachtet wird, ein anderes Mal Menstruationsblut spendet. In einer anderen Geschichte kommt eine stehlende Schlange vor, dann ein Paradiesgarten. Innerhalb des Schöpfungsvorgangs wird das Vorhandene in einer ähnlichen Reihenfolge wie in der Bibel geschaffen. Es geht meist darum, ein Wasserchaos zu überwinden und Wasser und Land zu trennen. Das Motiv der Ruhe findet sich öfter. Diese Aufzählung kann aber leicht einen falschen Eindruck hinterlassen. Die Motive kommen nicht in der biblischen Kombination und auch nicht in einer Geschichte vor. Sie stehen zudem mit ganz anderen Motiven in Zusammenhang. Die Götter sind selber geschaffen oder irgendwie geworden. Sie stehen in Streit miteinander, sie rauben, lügen, huren, morden. Die Schöpfung steht in direktem Zusammenhang damit oder ist sogar Ergebnis dieses Streitens und Mordens. Die Menschen sind für die Existenz der Götter notwendig. Sie sollen für sie arbeiten und ihnen durch Opfer Nahrung besorgen. Und das ist noch nicht alles.

Nimmt man einmal das babylonische Weltschöpfungsepos *Enūma eliš* als Vergleich, mit dem die Israeliten wahrscheinlich in Kontakt gekommen sind, dann zeigt sich, dass hier von einer ganz anderen Vorstellungswelt die Rede ist. Nachdem die Götter selbst aus einer Art Urmaterie entstanden sind, streiten sie untereinander. Marduk wird zum Königgott, indem er die Salzwassergöttin Tiamtu (Tiamat) tötet und aus den Teilen ihres göttlichen Leichnams Himmel und Erde erschafft. Vor allem erschafft Marduk aber Tempel für die Götter Anu, Enlil und Ea. Die Sterne bzw. die Sternbilder sind ihre Abbilder. Zwar werden aus Kopf, Brüsten und anderen Teilen der ausgeschlachteten Göttin Tiamtu Erde, Berge und Menschen geformt. Aber das Ziel der Schöpfung sind Throne und Tempel für die Götter. Die Menschen sollen den Göttern dann die Arbeit abnehmen. Und an der Spitze der Schöpfung steht die Stadt Babylon. Der Königssitz des Königgottes Marduk ist Babylon, die alles überragende Kult- oder Tempelstadt. Überhaupt scheint die ideale Stadt das eigentliche Urbild des Kosmos zu sein. Der Hügel in der uranfänglichen Stadt Babylon gilt als Geburtsstätte der Götter.

Andere Schöpfungsmythen oder Götterlisten, die die Abstammung der Götter wiedergeben, sehen andere Städte als uranfänglich, ob das nun Keš, Uruk, Nippur, Akkad oder Mari ist. Innerhalb des Geschaffenen kann praktisch allem, was irgendwie direkt oder indirekt lebenschaffend ist, göttliche Eigenschaften oder sogar eine eigene Gottheit zugerechnet werden. Dazu gehören Flüsse wie Euphrat und Tigris, der Ackerboden, aber auch Steine, mit denen Häuser und Tempel gebaut werden können. Selbst der Pflug und die Hacke werden zu Göttern. Der Mensch wird in den babylonischen Mythen nachträglich in eine bestehende Städteordnung für Götter hineingeschaffen. Er soll eine arbeitende Götterkaste ersetzen und wird diesen ähnlich erschaffen. Durch das beteiligte Götterblut erhält er Verstand und Geist. Nun soll der Mensch als Kanalbauer oder Tempelbauer dafür sorgen, dass die Welt der Götter gut funktioniert. Am besten soll alles reibungslos und still ablaufen, damit die Götter in Ruhe schlafen können, denn dann ist alles in bester Ordnung.

Sollte sich aus diesen Motiven die alttestamentliche Lehre von der Stadt Jerusalem und dem Tempel entwickelt haben? Ist das der Wurzelboden für das biblische Menschenbild? Oder lässt sich nur die Lehre vom Sabbat einigermaßen vernünftig daraus ableiten? Wohin man blickt, da ist kein fruchtbares Feld, auf dem die Religion Israels gewachsen sein kann, keine gute Saat, die die biblische Welt als Frucht hervorbringen konnte.

Auch die sogenannten Parallelen zu einem babylonischen Hiob sind so gering, dass man eher davon sprechen muss, dass auch in babylonischen religiösen Schriften das Motiv eines leidenden Gerechten vorkommt. Die stärkste Ähnlichkeit scheint schon darin zu liegen, dass dort wie bei Hiob die Zahlen 3, 4 und 7 vorkommen. In einer Geschichte hat der Leidende wie Hiob sieben Söhne, allerdings keine drei Töchter. Vereinzelt ist die literarische Form eines Gesprächs des Leidenden mit seinen Freunden, meist aber Verwandten gewählt. Die altorientalischen Antworten sind ganz andere, sieht man einmal von so etwas Allgemeinem ab wie eine gewisse Bereitschaft, Leiden geduldig zu ertragen.

Biblische Geschichte – unmöglich eine Kopie

Die Frage, die eigentlich im Raum steht, ist aber nicht, ob es in Babel in den Antworten auf religiöse Grundfragen, Ähnlichkeiten gibt, sondern, ob es sinnvoll ist, anzunehmen, dass wesentliche Teile des alttestamentlichen jüdischen Glaubens durch die Begegnung mit der babylonischen Religionswelt entstanden sind und deswegen insbesondere die biblischen Personen einerseits als Kopie und andererseits als Gegenbild zu babylonischen Gestalten konstruiert wurden.

Was die Qualität der Ähnlichkeiten angeht, so muss man feststellen, dass hier unmöglich einfach von Kopien gesprochen werden kann. Es ist offenbar nicht so, dass die Israeliten eine

Heldenfigur kennenlernten und mit dieser ihre eigenen Geschichten konstruierten. Dazu sind die Ähnlichkeiten, wenn man den Sonderfall Noah und die Flutgeschichte einmal zurückstellt, einfach zu gering und beruhen eher auf Motivähnlichkeiten. Wer 20 Kriminalromane vergleicht, wird wahrscheinlich viele Morde, Polizisten und Verbrecher, Fluchten und Festnahmen, die einander gegenüberstehen, finden, ohne dass ein Autor vom anderen abgeschrieben hat. Es gibt viele Berichte von reisenden Forschern, die fremde Kulturen erreicht haben und viele ähnliche Motive darin. Aber niemand kommt auf die Idee, Vasco da Gama für eine Kopie von Marco Polo zu halten oder Alexander von Humboldt für einen Abklatsch von Christoph Kolumbus.

Man sollte auch den erkannten Ähnlichkeiten ein wenig skeptischer gegenübertreten. Die Übersetzung vieler altorientalischer Schriftstücke bleibt weiter unsicher, die Texte sind schwer verständlich und oft lückenhaft und werden beim Übersetzen zum besseren Verständnis ergänzt. Mancher Übersetzer, der biblische Motive kennt, mag leicht geneigt sein, etwas hineinzulesen, dass so deutlich nicht dasteht. Aber selbst wenn wir davon ausgehen, dass wir über zuverlässige Übersetzungen verfügen, müssen wir den Kontext beachten. Die vereinzelten Ähnlichkeiten stehen in völlig anderen Vorstellungswelten. Was soll den oder die biblischen Autoren der Schöpfungsgeschichte bewogen haben, hier mal eine Schlange und dort mal den Lehm auszuleihen, hier das Motiv einer Himmelsfeste mit Wasser und dort die Grenze zwischen Wasser und Land, um daraus eine Geschichte zu konstruieren, die völlig verschiedene Werte, Vorstellungen von Gott und seiner Beziehung zur Welt, der Rolle des Menschen und seiner Beziehung zu Gott weitergibt?

Und sollte die biblische Schöpfungsgeschichte eine menschliche Erfindung sein, warum hatte der Autor es dann überhaupt nötig, sich bei babylonischen Mythen zu bedienen? Bei der Fülle der Motive, die allein uns aus einer Zeit vor 3500 Jahren im alten Orient bekannt sind und die vielleicht noch viel größer war, dürften überall so viele Vorstellungen im Schwange gewesen sein, dass die Annahme eines konkreten Ausleihens überflüssig ist. Andersherum wäre die Frage viel interessanter: Wie konnten ein biblischer Autor oder ein Autorenteam gegenüber der Fülle an ähnlichen Mythen eine so andere Geschichte konstruieren, wie wir sie in der Bibel vorfinden? Allein sprachlich ist es eine absolute Ausnahme, dass der biblische Schöpfungsbericht mit dem hebräischen *bara* für „schaffen" ein Wort wählt, das allein für Gottes Schöpferhandeln vorbehalten ist und etwas bezeichnet, dass keinen irdischen Vergleich hat. Kein altorientalischer Bericht hat so etwas. Und was die Erschaffung eines konkreten namentlich benannten ersten Menschenpaares angeht, so gibt es auch dafür kein bekanntes Vorbild und damit keine Möglichkeit zum Abkupfern.

So plausibel die Ideen der Religionsgeschichte auf den ersten Blick scheinen, so fern sind sie, wenn man sich die religiösen Vorstellungen in Babylon genauer anschaut. Sollte der Gott der Bibel wirklich eine monotheistische Weiterentwicklung und eine geschickte Verquickung der verschiedenen Götter Babels sein? Unzweifelhaft stieß der Glaube Israels auf den Glauben der Babylonier – und wahrscheinlich auch noch anderer Religionen in dem Multikultistaat Babylon. Aber es erscheint uns unmöglich, sich eine Entstehung oder Weiterentwicklung des jüdischen Glaubens vorzustellen, die in etwa wie die Entstehung des Islam vonstattengegangen sein müsste. Dann müsste es ganz andere Parallelen geben, hat der Islam doch die biblischen Personen weitgehend übernommen und nur ihre Geschichte in Einzelheiten verändert oder ihre Bedeutung gegenüber der Bibel leicht verschoben. Der Grundbestand gerade bei den biblischen Personen ist zwischen Judentum, Christentum und Islam fast gleich. Im Vergleich dazu kann man gar nicht von Ähnlichkeiten zwischen alttestamentlich-biblischen und babylonischen Glaubensvorstellungen sprechen. Eine religionsgeschichtliche Entwicklung ist so kaum vorstellbar.

Historische nicht literarische Abhängigkeit bei Noah

Wir müssen aber noch einmal auf die Person Noah und ihre Parallelen in mehreren altorientalischen Geschichten zurückkommen. Selbst wenn wir alles, was oben genannt wurde, in Abzug bringen, bleibt eine so große Verwandtschaft, dass irgendeine Abhängigkeit bestehen muss. Die Geschichte hat in Babylon eine ganz andere Zielrichtung als in der Bibel; manche Lücken füllt man allzuleicht mit biblischen Antworten aus; die Rolle der Götter steht in einem diametralen Gegensatz zur biblischen Geschichte. Aber trotzdem: Könnte nicht wenigstens diese Geschichte ein Beweis dafür sein, dass die religionsgeschichtlichen Annahmen stimmen, Israel sich in Babels Mythenwelt bediente und die Behauptung, dass Noah einmal gelebt hat und seine Fußspuren in der nassen Erde hinterließ, unsinnig ist?

Wenn das wahr ist, erhebt sich allerdings die Frage, ob die Inca in Südamerika oder die Faju-Indianer auf Papua ihre Sintflutgeschichten auch in Babel abgeschrieben haben? Oder haben sich die Israeliten bei den Chinesen bedient? Und diese Liste könnte leicht erweitert werden, denn Flutgeschichten gibt es rund um die Erde in zahlreichen Kulturen. Die Details sind so, dass man nicht davon reden kann, dass sich hier eine archetypische Furcht vor dem Wasser Bahn gebrochen hat. Die Geschichte der Faju-Indianer ist mit der Sprachverwirrung verbunden, die im Gilgamesch-Epos eher mit einer Sinnsuche wie im Buch Prediger, aber Details ähneln auffällig der Noahgeschichte. Es gibt bisher keine ernsthafte Theorie, wie die verschiedenen Flutgeschichten auf der Welt einen religionsgeschichtlichen Ursprung und von daher eine Abhängigkeit haben könnten. Die einzige Erklärung ist eine historische. Man nimmt an, dass es wirklich eine sehr starke Überflutung weiter Teile der bewohnten Erde gab und dass sich dieses Ereignis und die Rettung weniger vor der Flut in das geschichtliche Bewusstsein der Völker so einprägte, dass es Einzug in die Religionen erhielt. Damit wäre die Annahme einer literarischen Abhängigkeit zwischen Babel und Bibel überflüssig. Es bleibt für uns die Frage, was dafür spricht, dass der biblische Bericht der historisch zuverlässigere ist und dass der Erbauer der Arche ein Mann wie Noah und nicht ein Mann wie Utnapischtim war. Aber das behandeln wir in einem späteren Kapitel.

Plausibel, aber nicht tragfähig

Auch die religionsgeschichtlichen Argumente gegen die Historizität der biblischen Personen erweisen sich also bei näherem Hinsehen alles andere als tragfähig. Sie sind bei starker Vereinfachung einigermaßen nachvollziehbar, aber das heißt nicht, dass es auch so war. Wenn man aber konkret sagen sollte, wie und warum die babylonische Religion zur Bildung des jüdischen Glaubens geführt haben soll, dann gibt es darauf keine Antwort. Die Idee vom Kopieren, die am einfachsten wäre, scheitert daran, dass die Ähnlichkeiten verschwindend gering sind und die Unterschiede extrem. Die Idee von der jüdischen Antireligion scheitert daran, dass die Ablehnung einer babylonischen Vorstellung noch keine positive jüdische Vorstellung bedeutet. Wer weiß, dass er sein Kind nicht Peter und nicht Franz nennen will, der hat damit noch keinen Namen für das Neugeborene. Genauso wenig wie „Nicht-Peter" oder „Nicht-Franz" schon Namen sind, genauso wenig ist die Ablehnung der Vorstellung der Bildung der Welt aus Leichenteilen einer Göttin schon eine Schöpfungsgeschichte. Damit steht man wieder an dem Punkt, dass man noch erklären müsste, wo die positiven Aussagen der Bibel ihren Ursprung haben. Sind sie menschliche Ideen oder doch göttliche Offenbarung, wie die Bibel von sich sagt? Das führt uns zu einer weiteren Gruppe von Argumenten, die mit den religionsgeschichtlichen in Verbindung stehen, aber den Fokus auf die biblischen Schriften und ihre Entstehung stellen.

4. Wer weiß schon, was vor 500 Jahren geschah? – Redaktionsgeschichtliche Argumente

Nehmen wir an: Heute, rund 500 Jahre nach der Reformation, käme zum ersten Mal jemand auf die Idee, eine Biografie Martin

Luthers zu schreiben. Er bekäme dazu fast keine schriftlichen Quellen zur Einsicht, sondern müsste sich aus dem allgemeinen Wissen, kursierenden Geschichten und angeblichen Sprichwörtern eine Geschichte über Luther zusammenreimen, weil Kirche und Regierung beschlossen hätten, dass eine für die Deutschen so wichtige Gestalt auch ein literarisches Denkmal braucht. Könnte er nach einem halben Jahrtausend noch etwas Vernünftiges zusammenbringen und hätte die Figur, die er in seinem Werk zeichnete, noch Ähnlichkeit mit dem Martin Luther, der einmal gelebt hat?

In den vorherrschenden Theorien zur Redaktionsgeschichte der 5 Bücher Mose und zahlreicher anderer Schriften der Bibel ist das das Szenario für das Leben vieler Personen, von denen das AT spricht. Die erzählte Zeit, also die Lebenszeit von Mose, sei zur Zeit der Abfassung der Erzählung des Lebens von Mose bereits seit 500 Jahren oder mehr vergangen gewesen. Bei einem so „garstigen Graben der Geschichte“ sei es praktisch unmöglich gewesen, einigermaßen zuverlässig über den wirklichen Mose zu berichten. Darum konnten am Ende nur wenige Eckpunkte seines Lebens in einer weitgehend fiktiven Figur Mose aufgenommen werden. Wenn das für Mose gilt, dann erst recht für Noah, Abraham, Gideon und viele andere Personen. Aber auch Jona fällt unter diese Einschränkung, weil nach den Theorien der Redaktionsgeschichte auch das Buch Jona erst rund 400 bis 500 Jahre nach der erzählten Zeit des Jona ben Amittai aus Gat-Hefer verfasst wurde. Der große zeitliche Abstand lasse kaum etwas anderes zu und er stelle andererseits sicher, dass es keine gegenteiligen Zeugen für die Geschichte mehr geben konnte. Der oder die Autoren hatten Gestaltungsfreiheit, um die Personen entsprechend ihrer theologischen Botschaft zu formen. So sind für einige konsequente Vertreter dieser redaktionsgeschichtlichen Theorie am Ende beinahe alle Personen des AT literarische Konstruktionen, also auch David oder Salomo, genauso wie Jesaja, Jeremia und die meisten anderen Propheten.

Redaktion ja, aber wie?

Dass es für das uns vorliegende AT eine Redaktionsgeschichte gegeben haben muss, kann von niemandem bestritten werden. Das AT ist offensichtlich über einen längeren Zeitraum entstanden. Die Bücher wurden als einzelne Schriftrollen überliefert und bis zur Heiligen Schrift im Endzustand des AT gesammelt. Auch einzelne Bücher wie das fünfteilige Psalmenbuch sind offenbar eine Zusammenstellung von Liedern und Gebeten von Personen, die durch mehrere Jahrhunderte voneinander getrennt lebten. Asaph kann Mose nicht begegnet sein, aber irgendjemand muss die Lieder gesammelt und geordnet haben, damit wir sie so haben können, wie wir sie kennen. Redaktionsgeschichte versucht, über das Werden bis zur vorliegenden Gestalt eines einzelnen biblischen Buches, einer Sammlung von Büchern (5 Bücher Mose; 5 Psalmenbücher; 12 kleine Propheten) und schließlich der ganzen Bibel Aussagen zu machen. Wie weit das überhaupt möglich ist und inwiefern die redaktionsgeschichtlichen Rekonstruktionen dann die Aussagen eines Buches selber bestimmen dürfen, muss diskutiert werden, aber dass es eine Art von Redaktion gegeben hat, macht die Bibel selber deutlich.

Nun hat sich im Laufe der letzten 150 Jahre in der Theologie ein Bild der Redaktionsgeschichte durchgesetzt, das die Historizität fast aller biblischen Personen fraglich macht. Das kann beispielhaft gut an der Person des Mose deutlich gemacht werden. Die Theorie ist aber so umfassend und vorherrschend, dass es zum Mainstream der Theologie gehört, die historische Wirklichkeit der im AT beschriebenen Personen völlig in Frage zu stellen oder nur einen historischen Kern gelten zu lassen. Der aber sei theologisch so stark überformt worden, dass man die wirkliche Person kaum noch erkennen kann. In den Details gibt es zwar zahlreiche, stark voneinander abweichende Vorstellungen, aber das ganze Bild wird selten in Frage gestellt. Zwar betonen inzwischen nicht wenige Forscher, man solle sich in der alttestamentlichen Wissenschaft vor allem mit dem jetzt vorhandenen AT beschäftigen und spekulative Vorformen und Entwicklungsstufen nicht zum Maßstab machen (*canonical approach*). Aber damit werden die redaktionsgeschichtlichen Theorien und ihre Folgen für die Historizität biblischer Personen nicht überwunden. Im Blick auf die biblischen Personen gilt nämlich die Redaktionsgeschichte weiter als der Filter, mit dem Historisches und Legendäres voneinander getrennt werden kann. Der historische Mose gilt als unter einem „literarischen Gebirge Pentateuch" verborgen, so dass dessen Schichten erst wie Ablagerungen abgetragen werden müssten, um etwas von dem Menschen Mose zu erkennen.

Ist so der Pentateuch entstanden?

Als Redaktionsgeschichte der 5 Bücher Mose (Pentateuch) gilt ungefähr folgender Ablauf als anerkannte Theorie: Bis zur Wegführung Israels 586 v. Chr. durch Nebukadnezzar in das Herrschaftsgebiet der Babylonier an Euphrat und Tigris hat es nur einzelne schriftliche Zeugnisse der Religion Israels gegeben. Dazu zählte aus dem 8. Jahrhundert das sogenannte Bundesbuch, das 2. Mose 21–23 umfassen soll. Dazu kamen einzelne schriftliche Moseerzählungen, die im 7. Jahrhundert nach dem Untergang des Nordreiches durch die Eroberung Israels durch die Assyrer entstanden seien, außerdem vielleicht auch kleinere andere Aufzeichnungen. Dann hätten noch Teile des 5. Buches Mose vorgelegen, die von Priestern verfasst worden seien. Darüber hinaus gab es eine noch ungeordnete mündliche Tradition, z. B. über einzelne Personen der Geschichte Israels wie Abraham oder Jakob, und einzelne liturgische Formeln und Lieder. Diese ließen sich teilweise in der heutigen Bibel noch als alte selbständige Stücke erkennen (zu einem der ältesten Stücke zählt man z. B. das Deborahlied in Richter 5). Teilweise seien sie auch mit neueren Passagen so verbunden, dass einzelne Sätze als vorexilisch gelten, andere als nach dem babylonischen Exil entstanden.

Nach dieser Theorie wurde das Ganze in Babylon und später auch in Israel von Redaktoren, die meist als Priester oder

Priesterschulen angesehen werden, zusammengefügt und mit neuem Material, das in der Auseinandersetzung mit der babylonischen Religion entstanden sei, angereichert. Allerdings waren sich diese Priesterschulen theologisch nicht einig und verfolgten verschiedene Anliegen. Die könne man noch immer im Bibeltext erkennen, wenn auch eine Richtung dabei schließlich weitgehend die Oberhand behielt. Aus den verschiedenen Stücken formte man eine größere Einheit, zu der nach Ansicht mancher vorübergehend auch das Buch Josua gehörte, so dass sie vom Hexateuch sprechen. Allerdings habe man das Josuabuch aus theologischen Gründen wieder vom Pentateuch abgetrennt, bis das Ganze in der Form der Torah als Heilige Schrift für die Juden galt.

Das war ein Prozess, der nach Meinung vieler auch mit Beginn der Übersetzung der hebräischen Schriften in die griechische Sprache in der Septuaginta um 250 v. Chr. noch nicht abgeschlossen war. Dass manche Kapitel in 4. Mose in der griechischen Übersetzung stärker vom hebräischen Text abweichen, wird so gedeutet, dass zu dieser Zeit noch mehrere auch theologisch unterschiedliche Formen des Pentateuch in Umlauf gewesen seien, von denen sich dann irgendwann die Form durchsetzte, die in unseren Bibeln steht. Aber für die Übersetzung sei noch eine andere Form genutzt worden. Es habe zu dieser Zeit also noch gar keine Heilige Schrift des AT gegeben, sondern neben unterschiedlichen Formen des Pentateuch auch voneinander abweichende Prophetenrollen und unabhängig davon weitere Schriften.

Zur Endredaktion der alttestamentlichen Bibel sei es erst unter dem Druck der stärker werdenden christlichen Gemeinden gekommen. Weil die Christen das AT als ihre Bibel ansahen und nutzten, um ihren Glauben zu begründen, habe sich das Judentum im 2. Jahrhundert n. Chr. gezwungen gesehen, seinen Bestand an Schriften zu sortieren und zu einer festgelegten Heiligen Schrift zusammenzufassen. Dieser ganze Redaktionsprozess hätte also rund 700 Jahre gedauert. Am Anfang im babylonischen Exil seien theologische Aussagen, Geschichten und selbst Prophetenbücher noch ganz im Fluss gewesen, während die Veränderungen an einzelnen Schriften bis zum Abschluss der Septuagintaübersetzung um 150 v. Chr. abnahmen und mit der Herausbildung eines Kanon des AT in christlicher Zeit dann fast ganz zum Erliegen gekommen seien, so dass die Bildung einer Heiligen Schrift der Juden folgerichtig war.

Redaktionsgeschichtliches Sieb mit engen Maschen

Was passiert, wenn man nun die biblischen Informationen über Mose durch dieses Sieb drückt? Nach der Theorie kann man so alte Informationen, die etwas über den historischen Mose erhalten haben, von neueren, die aufgrund der theologischen Auseinandersetzungen innerhalb der Priesterschulen nur literarische Phantasie sind, trennen. Als alt gilt die Geschichte von Mose, dem Hirten in Midian. Alt soll auch seine Ehe mit einer ausländischen Frau sein. Irgendwie war er auch – wenn auch nicht für ganz Israel, sondern nur für einzelne Hirtenstämme – eine Führerfigur. Zusätzlich könnte der Passah-Ritus mit dem Schlachten und Essen des Schafs in der Familie alt sein und von Mose eingeführt. Durch das regelmäßige Feiern wäre so seine Person in Erinnerung geblieben, und die Traditionen und Geschichten konnten an diesem Kristallisationspunkt immer weiter wachsen. Historisch sei, dass ein paar Hirtenstämme aus Ägypten in die Wüste flohen, weil eine zu strenge Arbeitspflicht für Ägypter und Ausländer galt. Sie begegnen dem midianitischen Hirten Mose, der ihnen in der Wüste zum Überleben verhilft und so zu ihrem Helden wird. Als Erinnerung daran wird das Passafest eingeführt. Irgendwann stirbt Mose bei dem Versuch, mit seiner Sippe den Jordan zu überqueren. Der Rest der biblischen Person Mose soll Ergebnis der Redaktionsgeschichte sein.

Gebraucht wurde die dann gebildete literarische Mosefigur angeblich deswegen, weil sie als Klammer notwendig war, um den vielfältigen Stoff des Pentateuch zusammenzuhalten. Dem außergewöhnlichen Gottesfreund, Führer des Volkes, Gesetzgeber, Feldherrn und Wundertäter Mose wurde dazu zuerst eine Geburtsgeschichte angedichtet. Diese sei einer Legende über den König Sargon von Akkad (um 2300 v. Chr.) entliehen, die schon dem assyrischen König Sargon II. (722–705) als Legitimation diente, wodurch Mose ein literarisches Gegenbild zum assyrischen Großkönig wurde. Der hatte nämlich israelitische Zwangsarbeiter für den Ausbau Ninives deportiert.

Der Mose als Führer aus der Gefangenschaft Ägyptens in der erzählten Zeit im 14./13. Jahrhundert sei dann eigentlich eine Anspielung auf die Unterdrückung der Assyrer und eine erhoffte Befreiung in der Erzählzeit des 8. Jahrhunderts. Im folgenden babylonischen Exil wurde daran weitergestrickt, indem Mose zum Empfänger und Überbringer der Gesetze gemacht wurde. Das diente der Kritik an der absoluten Gesetzgebergewalt der babylonischen Könige. Statt einem König wird Gott zum Gesetzgeber, vermittelt durch den Gottesfreund Mose und die Priester. Als die Herrschaft der Babylonier durch die Siege des Perserkönigs Kyros zu Ende ging, wurde Mose als Heerführer gegen Sihon und Og konstruiert, um damit die erwartete Rückkehr aus dem Exil zu unterstützen. Dass die literarische Mosefigur vor der Überquerung des Jordan sterben musste, wird damit erklärt, dass so die Bundeslade an seine Stelle treten konnte und die Priester damit die Autorität ihrer Schriften, nämlich ihrem entstehenden Pentateuch festigen wollten.

Die angebliche literarische Funktion biblischer Figuren

Die redaktionskritischen Argumente gegen die Historizität biblischer Personen gehen davon aus, dass diese Personen als literarische Instrumente entstanden, um die Bildung eines Buches zu unterstützen bzw. den Bestand des Buches zu sichern. Außerdem antwortet ihre Lebensgeschichte quasi gleichnishaft auf jeweils aktuelle Herausforderungen. Hauptstütze dafür, dass das überhaupt denkmöglich wird, ist der behauptete zeitliche Abstand von rund 500 Jahren zwischen der Erzählzeit und der erzählten Zeit. Unter der Gegebenheit, dass die Personen als historische Personen dargestellt wurden, könnte das kaum glaubwürdig passieren, wenn nicht der wesentliche Teil der Redaktion der biblischen Schriften erst im und nach dem babylonischen Exil vollzogen wurde, was den notwendigen räumlichen und zeitlichen Abstand schafft. Allerdings müsste es dafür eine Grundlage im kulturellen Denken geben, so dass überhaupt möglich ist, was unterstellt wird, dass nämlich nachträglich mit der Auszugsgeschichte ein Gründungsmythos zur Einigung für ein Volk Israel geschaffen wird oder eine Aufforderung für einen erneuten Auszug, diesmal aus der babylonischen Gefangenschaft, entsteht. Um einen aktuellen Vergleich zu geben: Man kann zwar heute auf die Fluchtgeschichte vieler Deutscher nach dem Zweiten Weltkrieg verweisen, um etwa für eine Akzeptanz von Flüchtlingen heute zu werben. Aber könnte man auch Fluchtgeschichten erfinden? Und damit niemand Einspruch gegen ihre Historizität erheben kann, verlegte man die Geschichten 500 bis 600 Jahre zurück ins ausgehende Mittelalter? Es ist jedem sofort klar, dass so etwas nicht funktionieren würde. Aber gibt es belastbare Hinweise, dass es in Israel möglich gewesen wäre? Wir sehen keine.

Redaktionsgeschichte als Phantasieprodukt

Die hier dargestellte Redaktionsgeschichte hat nur Indizien, auf die sie sich berufen kann. Sie ist im ganzen ein phantasievolles Produkt von Theologen, die sich in vielen Punkten keineswegs einig sind. Es fehlt jeder Beweis dafür, dass es so gewesen ist. Dass es eine Redaktion der biblischen Bücher gegeben haben muss, ist klar. Wenn der tatsächliche Prozess aber auch nur annähernd so komplex verlaufen ist, wie es in der gegebenen Darstellung angenommen wird, dann lässt sich das trotzdem nicht beweisen. Nur ein Gespräch mit den Redaktoren selbst könnte Klarheit bringen. Das ist bis heute nicht anders: Wer wissen will, wie ein Buch zu seiner Endfassung kam, welche redaktionellen Schritte es durchlaufen hat und wie es dadurch verändert wurde, braucht die Mitteilung der Beteiligten. In modernen Büchern finden wir gelegentlich Hinweise in einer Danksagung. Oder in einem Vorwort beschreibt der Autor den Weg von der ersten Idee bis zum fertigen Buch in Grundzügen. Oder in der 4. Auflage wird auf die Veränderungen gegenüber früheren Auflagen verwiesen. Es ist aber prinzipiell unmöglich, aus einem fertigen Buch den Redaktionsprozess ohne zusätzliche Informationen oder dem direkten Vergleich mit Vorformen zuverlässig zu rekonstruieren.

Deswegen kann höchstens gefragt werden, ob eine solche Redaktionsgeschichte, die in ihrem Kern wenigstens 200 Jahre gedauert haben müsste, um ein Buch wie den Pentateuch zusammenzubringen und dabei die Person Mose zu konstruieren, wenigstens eine gewisse Wahrscheinlichkeit für sich hat. 200 Jahre sind zu lang, als dass ein Mensch seine lenkende Hand im Spiel haben könnte. Es müssten zahlreiche Menschen über mehrere Generationen beteiligt gewesen sein, die nach der Theorie keineswegs einig waren, sondern auch noch widerstreitende theologische Interessen vertraten. Als Ergebnis müsste dann aber ein Buch vorliegen, dass eben kaum widerstreitende Meinungen darstellt, sondern im Ganzen als eine Einheit vorliegt und auch über Jahrhunderte so verstanden und gelesen werden konnte. Für die im Text vorhandenen Unebenheiten und einzelne auf den ersten Blick widersprüchliche Aussagen könnte es auch andere und meist viel näherliegende Erklärungen geben als gegeneinander anschreibende Priestertheologen. Es ist auch nicht erklärlich, warum die Priesterschule, die den Text angeblich zuletzt bearbeitet hat, nicht durchgängig ihre Theologie sauber in die Geschichten eingearbeitet haben soll und dabei alles Störende ausgeschieden und umgearbeitet hätte.

Wenn die Gestalt des Mose tatsächlich über Jahrhunderte verändert wurde und seine Geschichte dadurch gewachsen ist, so dass er in assyrischer Gefangenschaft als Gegenbild zu assyrischen Königen, in babylonischer Gefangenschaft als Gegenbild zu babylonischen Herrschern, dann als Unterstützer einer Theorie der Schriftoffenbarung konstruiert wurde, wirft das viele Fragen auf: Warum wurde diese Gestalt nicht immer weiter umgearbeitet und den jeweiligen Bedingungen angepasst? Und was sollte die Redaktoren bewogen haben, alte durch geänderte Bedingungen überflüssige Elemente nicht wieder zu löschen? Warum sollte dann etwa das Element der Heirat mit einer ausländischen Frau bestehen bleiben, wenn es doch in der Theologie der Rückkehrer aus der Gefangenschaft einen Anstoß und Fremdkörper darstellt? Es ist viel wahrscheinlicher, dass eine tatsächliche Lebensgeschichte Brüche enthält, als dass solche in eine über Jahrhunderte konstruierte Lebensgeschichte eingebaut und nicht wieder gelöscht werden.

Wenn ein solcher Jahrhunderte andauernde Redaktionsprozess so stattgefunden hat, sollten sich eigentlich Vorstufen des Endprodukts finden lassen. Von den im vorigen Abschnitt dargestellten altorientalischen Mythen hat man tatsächlich mehrere Varianten oder Entwicklungsstufen aus verschiedenen Jahrhunderten gefunden. Weil ältere Varianten nicht mehr verständlich waren, gibt es sogar altorientalische Kommentare einzelner Mythen, die erhalten blieben. Für die biblische Redaktionsgeschichte gibt es nichts Vergleichbares. Das Einzige, was wir darüber sicher wissen, steht in der Bibel selbst und damit lässt sich die oben dargestellte Theorie nicht rechtfertigen.

Die Septuaginta als Kronzeuge?

Sind vielleicht – wie immer häufiger behauptet wird – einzelne Abschnitte aus der Septuagintaübersetzung Zeugnisse solcher Vorformen, weil ihre Übersetzung auf frühere Redaktionsstufen der jetzigen Bibel beruht? Beim Vergleich des sogenannten masoretischen hebräischen Textes weichen einige Kapitel auffällig ab. Sie sind teilweise kürzer oder länger und haben auch inhaltliche Abweichungen, die über die üblichen Abschreibfehler hinausgehen. Also werden sie von einigen alttestamentlichen

Wissenschaftlern so gedeutet, dass hier eine frühere Redaktionsstufe sichtbar werde. Nicht wenige gehen inzwischen so weit, zu behaupten, es hätte nie einen Urtext gegeben. Vielmehr hätten die meiste Zeit mehrere Abschriften aus unterschiedlichen Redaktionsstufen kursiert. Beginnend mit der Zeitenwende und schließlich erst im 2. Jahrhundert nach Christus habe man sich abschließend auf eine Variante festgelegt und diese dann zur Heiligen Schrift der Juden, unserem Alten Testament, bestimmt.

Das könnte eine mögliche Erklärung für die Abweichungen sein. Aber es ist nur eine von mehreren und sicher nicht die beste. Die Unterschiede der betreffenden Kapitel sind offenbar nicht einfach Abschreibfehler, wie sie bei der Überlieferung von Manuskripten immer wieder vorkommen, aber nur in seltenen Fällen zu wesentlichen Problemen im Verständnis führen. Sie müssen andere oder weitere Ursachen haben. Allerdings betreffen die Abweichungen eine überschaubare Anzahl von Kapiteln und nur wenige Bibelbücher. 2. Mose 35–40 ist etwas anders angeordnet und hat Abweichungen, ebenso 1. Samuel 17. Große Teil des Jeremiabuches sind in der griechischen Übersetzung kürzer als im hebräischen Text. Es gibt verschiedene Fassungen des Esterbuches, eine mit vielen Ausschmückungen. Aber selbst wenn die fraglichen Kapitel aufgrund abweichender Manuskriptvarianten zustande gekommen wären, ist damit nicht gesagt, dass es für die anderen Kapitel und Bücher der Bibel solche Varianten ebenfalls gab. Der allergrößte Teil der AT wurde nämlich einheitlich und das heißt – nach allem, was man wissen kann – zuverlässig überliefert. Ein Vergleich von Manuskripten, die Jahrhunderte auseinanderliegen, zeigt oft nur die Verwechslung oder Verschreibung einzelner Buchstaben oder eine geänderte Rechtschreibung oder eine versehentliche Verdoppelung einer Zeile oder die Auslassung eines Wortes oder einer Zeile.

Die wenigen größeren Abweichungen könnten auch dadurch zustande gekommen sein, dass die alten griechischen Übersetzer an eine Abschrift geraten waren, die von einem Abschreiber mit Absicht verändert worden war. Es wäre sogar möglich, dass es Schriftrollen gegeben hat, die inhaltlich der eigenen jüdischen Sekte angepasst wurden. So etwas kann man deutlich für den sogenannten samaritanischen Pentateuch zeigen, wo der Text so frisiert wurde, dass das eigene Heiligtum auf dem Garizim damit als von Gott gewollt unterstützt wird. Hier hat man sogar in den Text der 10 Gebote eingegriffen und so einen Tempel auf dem Garizim zu einem der Gebote gemacht.

Den Übersetzern der Septuaginta lagen offenbar weithin gute hebräische Manuskripte vor. Aber es waren offensichtlich auch einzelne schlechte darunter. Wenn sie dafür keinen Ersatz fanden oder ihre Qualität nicht richtig einschätzen konnten, mussten sie diese übersetzen. Durch ihre Übersetzungsarbeit, die offenbar auch von schwankender Qualität war, ist eine weitere Zunahme der Abweichungen zu erwarten. Dann ist an den fertigen Übersetzungen immer nachgebessert worden, was weitere Abweichungen mit sich brachte, die sich in unterschiedlich alten griechischen Fassungen des Septuagintatextes nachweisen lassen. Das erklärt den vorliegenden Befund ausreichend, wenn auch nicht die Entstehung jeder einzelnen Abweichung. Jedenfalls ist die Annahme, dass es selbst zur Zeit Jesu noch fließende Texte gab, auch nach dem Befund des Neuen Testaments ganz unwahrscheinlich.

Wenig dafür, aber viel dagegen

Fasst man zusammen, was gegen die weitreichende These vom Niederschlag des Redaktionsprozesses in alten Manuskripten spricht, so kann man sagen: Es ist bisher nicht einmal logisch konsequent gelungen, den angeblichen Prozess der Redaktion nachvollziehbar darzulegen. Das müsste dann auch noch für unterschiedliche Bibelbücher einzeln geschehen, weil die angenommenen Prinzipien doch nicht überall gleich gelten können. Das Sprüchebuch oder das Jeremiabuch muss anders entstanden sein als der Pentateuch. Die Annahme eines einheitlichen Urtextes der einzelnen Bibelbücher, die zu unterschiedlichen Zeiten entstanden sind und dann im Laufe der Zeit im Abschreibungsprozess geringfügig verändert wurden, ist nicht nur viel logischer, sondern lässt sich an vielen Manuskripten direkt nachweisen.

Zweitens gibt es weder einen einzigen textlichen Beweis noch ein zwingendes Indiz für die ganze Theorie. Der Textbefund spricht insgesamt eher dagegen, weil die meisten Teile genau überliefert sind und sich – abgesehen vom Jeremiabuch – auch nur wenige Kapitel mit fraglicher Textqualität finden. In seiner Qualität erweist sich der hebräische Text außerdem als einem Ursprungstext sehr viel nahestehender als die griechische Septuaginta.

Drittens gibt es für den behaupteten Redaktionsprozess weder in alter noch in neuer Zeit irgendwelche Parallelen. Das lässt die ganze Sache sehr zweifelhaft erscheinen, weil dabei doch nicht von einem Wunder Gottes, sondern von einem angeblich ganz normalen literarischen Prozess gesprochen wird. Wenn es den Prozess bei der Bibel gegeben haben sollte, dann wäre er in der gesamten Literaturgeschichte absolut einmalig.

Viertens lassen sich die wenigen unterschiedlichen Paralleltexte weitgehend leichter anders erklären, denn als Indiz für einen literarischen Prozess über mehrere hundert Jahre. Selbst die um mindestens 1500 Wörter (manche zählen aufgrund der notwendigen Rückübersetzung auch über 3000 Wörter) längere Fassung des hebräischen Jeremiabuches gegenüber dem in der griechischen Septuaginta lässt sich besser anders deuten.

So erweisen sich auch die redaktionsgeschichtlichen Argumente gegen die Historizität vieler biblischer Personen als schwache Hypothesen. Trotzdem steht die dargestellte Redaktionsgeschichte als Forschungsparadigma fest, so dass Theologen in der alttestamentlichen Wissenschaft oft nicht ernst genommen werden, wenn sie sich gegen diese Theorie stellen. Viele konservativere Ausleger, die den Weg nicht mitgehen wollen, haben deswegen einen Ansatz gewählt, der sich mit den Redaktionsprozessen erst gar nicht beschäftigen will. Man entscheidet sich für die „kanonische Endgestalt" des biblischen Buches als Ausgangspunkt. Allerdings bleibt ohne die ernsthafte Kritik an den vorherrschenden Theorien der Redaktionsgeschichte eben die Historizität vieler biblischer Personen fraglich.

Diese kalte Akzeptanz der Theorie hat unausweichlich zur Folge, dass am Ende kaum eine biblische Person noch historisch zu sein scheint. Wenn z. B. im Buch Jona auf den Pentateuch oder auf Psalmverse angespielt wird, könnte das Buch erst nach diesen entstanden sein. Weil die aber spät angesetzt wurden, rücken zwangläufig 500 Jahre zwischen erzählter Zeit und Erzählzeit und Jona wird zur rein literarischen Figur. Selbst der Prophet Jeremia, dessen Buch fast ein Art Lebenslauf enthält, der stark in die Zeitgeschichte eingebettet ist, wird durch die redaktionsgeschichtliche Brille zur weitgehend nur „erzählten Gestalt".

Wenn eine Redaktionsgeschichte der alttestamentlichen Bücher auf den biblischen Angaben aufgebaut und nur durch wahrscheinliche Annahmen ergänzt wird, dann gibt es von dort her nicht den geringsten Grund, zu bezweifeln, dass die biblischen Personen Menschen aus Fleisch und Blut waren, die ihre Spuren hinterlassen haben. Die biblischen Texte sind nicht vom Himmel gefallen und viele von ihnen wurden über eine kürzere oder längere Zeit zusammengestellt und im Laufe der Zeit auch sprachlich angepasst. Es hat also eine Redaktionsgeschichte gegeben. Es ist allerdings unnötig, diese so zu rekonstruieren, dass sie die Glaubwürdigkeit der Texte untergräbt.

5. Eigentlich egal? Das Argument des Nichtwissens

Gegen die dargestellte Vielzahl an Argumenten bleibt auch vielen konservativen Auslegern oft nur ein Ausweg: Sie beugen sich dem Druck, halten dabei aber daran fest, dass der Verlust der Historizität nichts an den theologischen Aussagen ändere. Das Wort Gottes bleibe Gottes Wort. Ob Gott nun durch fiktionale Geschichten und fiktive Personen seine Botschaft weitergebe oder durch Menschen aus Fleisch und Blut, das ändere nichts. Außerdem seien die biblischen Figuren für uns in jedem Fall literarische Personen, ob sie nun einmal gelebt haben oder nicht. Wir kennen sie nicht als lebende Menschen, sondern nur durch die Buchstaben und Geschichten, die wir hören und lesen. Kann eine Predigt über Hiob und seine Frau nicht exakt die gleiche sein, ob Hiob nun tatsächlich verheiratet war oder nur als fiktive Person? Ist es so nicht letztlich gleichgültig, ob er lebte oder nicht? Dann kann man sich einfach darauf zurückziehen, dass man es eben nicht so genau wissen kann. Es könnte genauso gewesen sein oder es ist eine gute Geschichte. Aber es kommt vor allem auf die geistliche Wahrheit an, die transportiert wird.

Warum uns Historizität nicht so wichtig sein soll

Unter konservativen Theologen, die sich auch der evangelikalen Bewegung zurechnen, gibt es einzelne Begründungsmodelle, mit denen sie den ganz anderen Eindruck, den jeder Bibelleser erhält, rechtfertigen wollen. Auch wenn die Bibel als Ganzes und damit auch das Neue Testament den Eindruck historischer Personen hinterlasse, so sei es doch kein Problem und für den Glauben gleichgültig, wenn man anders entscheide. Es gibt dafür drei Modelle, die miteinander korrespondieren und manchmal auch alle zugleich angewandt werden.

Im ersten will man die Problematik dadurch umgehen, dass man argumentiert, Gott habe sich in seiner Redeweise eben dem Weltbild oder Verständnis der damaligen Zeit angepasst. Es handele sich um *Akkommodation*, so der aus dem Lateinischen abgeleitete Begriff. Das machten auch Eltern, wenn sie manchmal versuchten, ihren Kindern Dinge zu erklären, die sie noch nicht verstehen könnten. Deswegen habe auch Jesus – obwohl er angeblich wusste, dass es Adam und Jona nicht gab – so geredet, als ob Adam und Jona historische Personen wären, um damit dem Denken seiner Zuhörer entgegenzukommen. Weil sie die

Geschichte naiv für historisch hielten, ließ er sie in diesem Glauben. Das würde dann bedeuten, dass Jesus heute anders von Jona und seinem Aufenthalt im Bauch des Fisches sprechen müsste. Uns aufgeklärten Menschen könnte er sagen, dass alles nur eine nette Geschichte ist und wir auf die tiefe Wahrheit achten sollten. Das wäre wie bei Kindern, die irgendwann aufgeklärt werden, dass die Babys doch nicht vom Klapperstorch gebracht werden und der Weihnachtsmann in Wahrheit der Vater ist, der sich einen Bart angeklebt hat.

Das zweite Modell führt eine erweiterte typologische Betrachtungsweise für die Personen ein. Die Aussage des Paulus im Römerbrief (5,14), dass Adam ein Typos auf Christus sei, wird ausgeweitet. Für die Bibel sei immer das Vorbildhafte und Typische an den Personen das eigentlich Wichtige. Es komme deswegen nicht darauf an, ob eine Person auch historisch sei. Das könne man vernachlässigen und man sollte besser nach den typischen Vergleichspunkten zu uns suchen. Dass viele Dinge des AT für uns Vorschatten auf Christus und den Glauben an Christus sind, soll deren historische Wirklichkeit unwichtig machen. Es ist ein bisschen so, wie der Umschwung zum Hörer in vielen Predigten, wenn der Redner rhetorisch fragt: „Geht es uns nicht allen so wie Adam (Jona, Petrus usw.)?" Oder denken wir an den Spruch des Mystikers Angelus Silesius: „Wäre Christus tausend Mal in Bethlehem geboren und nicht in dir: Du bliebest dennoch ewiglich verloren." Auf die Wendung zu uns komme es allein an, das Historische könne man dann vernachlässigen.

Daraus ergibt sich ein drittes Modell, das die Historizität vieler biblischer Personen und Ereignisse als grundsätzlich nicht zentral für den rettenden Glauben erklärt. Es gebe zwar verschiedene Ansichten in dieser Sache. Man solle darüber aber nicht streiten, weil das eine Nebensache des christlichen Glaubens sei. Solange die Mitte des Glaubens nicht berührt werde, könne jeder Christ am Rande glauben, was er will. Die Kategorie der nebensächlichen Dinge geht natürlich über unsere Frage hinaus und umfasst weitere Punkte. Aber die Historizitätsfrage soll auf jeden Fall dazu gezählt werden. Großzügig sagt dann mancher Vertreter dieser Position: „Ich persönlich glaube zwar, dass Jona wirklich gelebt hat, aber das mache ich nicht zum Maßstab für den rechten Glauben. Das ist nicht zentral!“ Nicht selten wird an die Stelle der historischen Tatsachen dann die Kategorie der persönlichen Erfahrung mit dem heute lebendigen Christus gesetzt. Wer wollte dann noch auf ein scheinbar so nebensächliches Detail bestehen, wie es der Glaube an einen historischen Adam, Noah, Mose, Hiob oder Jona zu sein scheint?

Der Zweifel hat Folgen

Es wird dabei oft übersehen, dass diese Haltung nicht folgenlos bleiben kann. Weil die Bibel Noah, Mose oder Jona unzweifelhaft als reale Personen darstellt und ihre Historizität dort in keiner Weise in Frage steht, würde der Leser getäuscht. Und diese Täuschung hätte auch über Jahrhunderte hinweg funktioniert, bis sie in den letzten 150 Jahren aufgedeckt wurde. Es ist eben doch ein Unterschied, ob eine Geschichte wie ein Gleichnis von vornherein klarstellt, dass wir nicht nach der Wohnadresse oder dem Geburtsdatum des barmherzigen Samariters fragen müssen, oder ob der Leser getäuscht wurde. Das hat Auswirkungen auf unser Verständnis der Bibel als Wort Gottes. Es hat Folgen für das Inspirationsverständnis und den Wahrheitsbegriff, der in der Bibel erwartet wird.

Damit in Zusammenhang steht, dass der Bibelleser mit seinen Ansichten, die sämtlich nicht der Bibel selbst entstammen, zum Richter über die Aussagen der Bibel wird. Er entscheidet, was wichtig ist und was nicht. Gott war es wichtig, dass es kapitelweise Stammbäume gibt, die über die historische Abstammung eines Menschen und schließlich sogar über die von Jesus Christus aufklären. Wir entscheiden, dass die nicht so wichtig sind, weil sie wegen mindestens einiger fiktiver Personen, selbst auch fiktiv sein müssen.

Wenn wir es genau betrachten, dann verändert sich auch die Botschaft selbst, wenn die handelnden Personen und damit auch die Ereignisse nicht mehr historisch sind, sondern zu fiktiven Geschichten werden. Wie wir sahen, war es eine Grundlage des Schaffens der angeblichen fiktiven Mosefigur, dass sie für eine bestimmte Zeit konstruiert worden sei und damit nur zeitgebundene Botschaften repräsentieren kann. Aus der „Moral von der Geschichte" könnten wir dann zwar auch noch etwas lernen. Der genaue Blick zeigte aber, dass die ganze andere Perspektive auch die Grundaussagen verschieben wird. Vor allem aber würde es den Hörer in eine grundsätzlich andere Stellung vor dem Wort Gottes bringen, ob Gottes Botschaft auf Gottes tatsächliches Handeln in der Geschichte gestützt ist, oder ob es sich um kluge Fabeln handelt.

Weil die Bibel auch eine Heilsgeschichte präsentiert, also aufzeigt, wie Gott in und durch sein geschichtliches Handeln das Heil in die Welt brachte, hängen viele Aussagen der Bibel notwendig miteinander zusammen. Wenn wir Teile der Anfangsgeschichte für fiktiv erklären, warum sollen dann die Aussagen über die Vollendung nicht genauso fiktiv sein? Der Inhalt der Botschaft vom Heil durch Gottes Handeln vom Anbeginn der Zeit bis zur Vollendung in Ewigkeit wird zu einer Idee, während die Bibel reale Geschichte präsentiert.

Das aber verändert auch den christlichen Glauben selbst. Er wird von einem Glauben, der sich auf geschichtliche Tatsachen stützt, die Gott in Raum und Zeit gebracht hat, zu einem Glauben, der auf ideelle Wahrheiten setzt. Der Extremfall solchen Glaubens ist dort sichtbar, wo Menschen in tiefer Frömmigkeit ernsthaft sagen, dass sie auch dann an die Auferstehung glauben, wenn Jesus Christus in seinem Grab vermodert ist. Sie brauchen für ihren Glauben kein leeres Grab. Sie glauben die Idee der Auferstehung. Das aber ist ein Glaube, der sich nur noch auf die innere Glaubenskraft des Menschen stützt. Der Mensch glaubt den Glauben anderer und seinen eigenen Glauben, aber er glaubt nicht mehr eigentlich an den dreieinigen Gott der Bibel, der ein lebendiger Gott ist, der in Raum und Zeit handelt und dazu historische Menschen zu seinen Boten und Dienern gemacht hat.

Im letzten Kapitel dieses Buches wird die Behauptung, dass es keinen Unterschied für Glauben und Verkündigung mache, ob es die Personen Adam, Noah, Mose, Jona, Hiob und andere gegeben hat, noch eingehend geprüft werden. Hier musste sie aber erwähnt werden, weil sie als ein Argument gegen die historische Wirklichkeit biblischer Personen ins Feld geführt wird.

KAPITEL 3

Biblische Argumente für die Historizität biblischer Personen

Wer als Christ die Bibel unvoreingenommen liest, geht normalerweise davon aus, dass die dort genannten Menschen tatsächlich auf der Erde gelebt haben und genau das taten, was von ihnen berichtet wird. Wer allerdings durch den Religionsunterricht oder eine theologische Ausbildung gegangen ist, musste häufig erleben, dass theologische Lehrer mit Macht versuchten, diesen angeblich „kindlichen Glauben" zu zerstören. Mit welchen Methoden sie das tun, haben wir im vorigen Kapitel beschrieben.

Hier soll nun gezeigt werden, wie die Bibel selbst das Leben und die Existenz dieser Menschen bezeugt. Denn die biblischen Autoren zitierten die heiligen Schriften, die vor ihnen entstanden waren, immer als Gottes unfehlbares Wort und gingen mit größter Selbstverständlichkeit von der Geschichtlichkeit der dort erwähnten Personen aus. Die Art und Weise, wie sie die Schrift zitierten, zeigt, dass sie immer von einer Wirklichkeit und nie von einer Fiktion ausgingen. Sie konnten auch darauf vertrauen, dass die Erstempfänger ihrer Botschaften ebenfalls davon überzeugt waren. Deshalb galt in Diskussionen ein Schriftzitat als letztendlicher Beweis für die Argumentation.

1. Hiob – kann man den Sinn von Leid verstehen?

Was *Hiobsbotschaften* sind, weiß eigentlich jeder. Und für solche, die es nicht wissen, wird der Begriff in verschiedenen Lexika erklärt. Spätestens dort stößt man auf den biblischen Hiob und seine Geschichte, die in einem eigenen Bibelbuch aufgeschrieben ist, das seinen Namen trägt. Doch der Name Hiob taucht auch noch in anderen biblischen Büchern auf.

Das Buch Hiob beschreibt einen Mann aus dem Land Uz, der unverschuldet in schweres Leid gerät, weil Gott dem Satan erlaubt hatte, Hiobs Glauben zu prüfen. Daraufhin sorgte der Böse dafür, dass Hiob seinen ganzen Besitz, alle seine Kinder und seine Gesundheit verlor. In dieser Not versuchten seine Freunde ihm beizustehen. Doch sie konnten sich Hiobs Leid nicht anders erklären, als mit Hiobs Schuld. Deshalb drängten sie ihn zur Umkehr. Hiob verzweifelte fast an diesen Reden, hielt aber an seiner Unschuld und seinem Glauben an Gott fest. Dass Gott dieses Vertrauen am Ende rechtfertigt, ist die großartige Botschaft des Hiob-Buches.

Das ganze Buch ist ohne Zweifel ein hervorragendes literarisches Kunstwerk, das abgesehen von den beiden ersten Kapiteln und den letzten Versen komplett in poetischer Form niedergeschrieben wurde. Wer sein Verfasser war, wissen wir nicht. Es muss allerdings ein Israelit gewesen sein, weil er sowohl im Prolog als auch in den Gottesreden und im Epilog häufig den Namen Jahwe für den Gott Israels verwendet.

Dieser unbekannte Autor hatte Zugang zu mündlichen oder schriftlichen Quellen, aus denen er unter göttlicher Inspiration das Buch verfasste, das wir nun vor uns haben. Auf jeden Fall müssen ihm manche im Buch erwähnten Vorgänge offenbart worden sein, von denen nur Gott wissen konnte.

Eine Überlieferung des jüdischen Talmud schlägt Mose als Autor vor, weil das Land Uz (Hi 1,1) an Midian grenzte, wo Mose 40 Jahre lang gelebt hatte. Auch das klassische Hebräisch, das er im Prolog benutzte, lässt auf eine Zeit nach 1500 v. Chr. schließen. Ein anderer Vorschlag ist Salomo, denn Salomo hat mehrere biblische Weisheitsbücher verfasst und der Inhalt des Hiob-Buches ist teilweise dem Prediger-Buch ähnlich.

Hiob – Rückschlüsse aus dem Buch

Bereits Prolog und Epilog machen deutlich, dass Hiob keine fiktive Gestalt war. Er lebte in einem Gebiet, das später teilweise vom Stamm Manasse bewohnt wurde, dem Land Uz, das auch der Prophet Jeremia noch kannte. Es war eine größere Region östlich von Juda. Hiob war allerdings kein Nomade, sondern wohnte als angesehener Mann in einer Stadt, die von Mauern mit Toren umgeben war (Hi 29,7ff).

Hiob lebte wahrscheinlich in der Zeit zwischen der Sprachverwirrung und der Berufung Abrahams, vielleicht sogar zeitgleich mit Abraham. Folgende Beobachtungen lassen darauf schließen:

1. Sein Alter von fast 200 Jahren war für die Zeit der Patriarchen nicht unüblich.
2. Die soziale Einheit war noch die patriarchalische Familie.
3. Die Chaldäer, die Hiobs Knechte erschlugen, waren noch Nomaden und keine Städter.
4. Hiobs Reichtum drückte sich vor allem in seinen Viehherden und seinen Sklaven aus.
5. Hiob war der Priester seiner Familie, der für seine Kinder Brandopfer darbrachte, wie das in der Patriarchenzeit üblich war.
6. Es fehlen alle Hinweise auf den Gottesbund mit Abraham, auf Israels Auszug aus Ägypten und das mosaische Gesetz.

Also schon das Buch Hiob lässt auf ein historisches Geschehen schließen und auf eine Person, die wirklich gelebt hat. Warum es in keiner Weise zwingend ist, von einem literarischen Kunstwerk auf eine erfundene Person zu schließen, haben wir bereits im vorigen Kapitel deutlich gemacht. Schauen wir uns die anderen biblischen Zeugnisse an.

Hiob – bezeugt durch Hesekiël

Hesekiël wurde mit etwa 10 000 Juden im Jahr 597 v. Chr. nach Babylon deportiert. Vier Jahre später wurde er dort zum Propheten berufen. Im Jahr 592 v. Chr. empfing er eine Botschaft Gottes, in der Hiob als hervorragender Gerechter neben zwei anderen Personen erwähnt wird.

> 12 Das Wort Jahwes kam zu mir. Er sagte: 13 „Du Mensch, wenn ein
> Land sich gegen mich versündigt und mir die Treue bricht, und wenn
> ich dann seinen Brotvorrat vernichte und den Hunger ins Land schi-
> cke, an dem Mensch und Tier zugrunde gehen, 14 und wenn dann
> **Noah, Daniel und Hiob** unter ihnen wären, dann würden **diese drei**
> **Männer** wegen ihrer Rechtschaffenheit nur ihr eigenes Leben retten,
> spricht Jahwe, der Herr. 15 Oder wenn ich Raubtiere gegen das Land
> losließe, sodass es entvölkert und öde wird, weil wegen der Tiere
> niemand mehr durchreisen könnte, 16 und dann **diese drei Männer**
> unter ihnen wären – so wahr ich lebe, spricht Jahwe, der Herr –, sie
> könnten nicht einmal ihre Söhne und Töchter retten, sondern allein
> sich selbst. Und das ganze Land würde entvölkert. 17 Oder wenn ich
> das Schwert über dieses Land bringen und ihm befehlen würde,
> Mensch und Tier darin auszurotten, 18 und dann **diese drei Männer**
> unter ihnen wären – so wahr ich lebe, spricht Jahwe, der Herr –, sie
> könnten nicht einmal ihre Söhne und Töchter retten, sondern allein
> sich selbst. 19 Oder wenn ich die Pest in jenes Land schicke und mei-
> nen Grimm als Blutregen darüber ausgieße, um Mensch und Tier dar-
> in auszurotten, 20 und **Noah, Daniel und Hiob** wären unter ihnen – so
> wahr ich lebe, spricht Jahwe, der Herr –, sie könnten nicht einmal ihre
> Söhne und Töchter retten. Nur ihr eigenes Leben könnten sie wegen
> ihrer Gerechtigkeit retten. (Hes 14,12-20)

Daniel war zu diesem Zeitpunkt etwa 27 Jahre alt. Er war 605 v. Chr. als 14-jährige Geisel verschleppt wurden und war in Babylon längst für seine Weisheit berühmt. Es ist sicher anzunehmen, dass Hesekiël ihn kannte, vielleicht sogar persönlich. In Kapitel 28,3 wird Daniel noch einmal als einer der weisesten Menschen erwähnt.

Dass mit dem hier erwähnten Daniel nicht der biblische Daniel gemeint sei, sondern ein heidnischer, wie es seit der Mitte des 20. Jahrhunderts von kritischen Gelehrten behauptet wird, ist ziemlich absurd. Man bemüht dazu Keilschrifttexte aus Ras Schamra, die seit 1929 gefunden und veröffentlicht worden sind. Die Texte stammen aus dem alten Ugarit um 1400 v. Chr. und schildern Kämpfe in der Götterwelt, den Bau eines Tempels für den Gott Baal, die Geburt von Götterkindern und viele andere Dinge aus der heidnischen Umwelt Israels. Außerdem wurden Statuen und Reliefs von Göttern und Göttinnen gefunden, Tempel und Altäre mit Kultgeräten aller Art.

- Es ist aber eine absurde Vorstellung, anzunehmen, dass Gott einem seiner treuen Propheten einen Daniel als Vorbild für Gerechtigkeit hingestellt hätte, der heidnischen Göttern diente.
- Es ist in keiner Hinsicht nachweisbar, dass die Juden diese Schriften aus dem alten Ugarit überhaupt kannten, geschweige denn irgendeinen weisen Daniel aus dem Heidentum.
- Es kann auch keinen Daniel aus der Urzeit meinen, der zwischen Noah und Hiob gelebt hätte (von dem die Bibel aber nichts weiß), denn die Reihenfolge der von Hesekiël genannten Personen kann nicht chronologisch verstanden werden, sondern ist von der Sache her bestimmt: Noah rettete seine ganze Familie mit sich (einschließlich der Frauen seiner Söhne), Daniel konnte nur seine drei Freunde retten und Hiob nicht einmal seine Kinder.

Mit Daniel muss also der Zeitgenosse Hesekiëls gemeint sein, der schon als Jugendlicher für seine Weisheit in Babylon und bei den Juden bekannt war. Das wiederum spricht stark dafür, dass Hesekiël auch bei Noah und Hiob keine erfundenen Gestalten aus der Literatur meinte, sondern vorbildliche Menschen, die an den lebendigen Gott glaubten und mit ihm lebten.

Dass Noah als ein Mann aus der Urgeschichte der Menschheit hier erwähnt wird, zeigt zumindest, dass Hesekiël und die Juden das 1. Buch Mose längst kannten und als Gottes Wort hochachteten. Noah war für sie kein Unbekannter und auf jeden Fall eine reale Person. Es könnte sein, dass die Juden in Babylon eine Abart der Sintflutgeschichte kennengelernt hatten, die sie nur darin bestätigte, dass die ihnen aus der Bibel bekannten Ereignisse wirkliche Geschichte waren.

Hesekiël schreibt ausdrücklich, dass Noah, Daniel und Hiob, wenn sie in der von ihm beschriebenen Zeit leben würden, nur sich selbst hätten retten könnten, nicht aber ihre Söhne und Töchter. Das beweist, dass Hesekiël bei den drei Männern von historischen Personen redet, die einen unterschiedlich großen Familien- beziehungsweise Freundeskreis hatten.

Wir halten fest: Gottes Wort spricht von Menschen, die wirklich gelebt hatten und die Hesekiël ebenso kannte wie die Juden, zu denen er sprach.

Hiob – bezeugt durch Jakobus, den Bruder des Herrn

Etwa 15 Jahre nach der Auferstehung des Herrn, um 45 n. Chr., schrieb Jakobus einen Brief an jüdische Christen, von denen sich ein Großteil wohl schon während der ersten Verfolgung in jüdische und ausländische Städte geflüchtet hatte. Jakobus ermutigte sie, die Echtheit ihres Glaubens an den Messias Jesus vor allem durch ihr Handeln zu beweisen. Nur so würden sie ihren jüdischen Mitbürgern zeigen können, dass ihr Glaube an den gekreuzigten und auferstandenen Herrn echt sei.

In seinem 5. Kapitel ermahnte Jakobus die an Jesus Christus glaubenden Juden, geduldig auf das Wiederkommen ihres Herrn zu warten. Sie sollten sich die alttestamentlichen Propheten zum Vorbild nehmen, die im Namen des Herrn gesprochen hatten und dadurch viel Leid ertragen mussten. Aber sie waren alle standhaft geblieben. Und dann fährt Jakobus fort:

> Ihr wisst ja, dass wir die glücklich preisen, die durchhalten. **Von der Standhaftigkeit Hiobs** habt ihr gehört und **gesehen, wie der Herr ihn am Ende belohnt hat**. Der Herr ist voller Mitgefühl und Erbarmen. (Jak 5,11)

Jakobus kann bei allen seinen Lesern voraussetzen, dass sie die Geschichte Hiobs kannten. Sie wussten natürlich auch, wie sie ausging. Das war aber sowohl für Jakobus als auch für seine Leser nicht nur eine schöne Geschichte, sondern ein Geschehen, das mit dem Eingreifen Gottes verbunden war, dessen Charakter Jakobus ihnen durch seinen Brief vor Augen stellen wollte.

Jakobus begründet seine Ermahnung an die Leser nicht mit einer fiktiven Gestalt aus der Literatur, denn dann hätte er eine „legendäre Gestalt" mit einem erfundenen Handeln Gottes und einer virtuellen Belohnung begründet. Damit hätte er sich aber selbst unglaubwürdig gemacht. Denn er und seine Leser waren von einem wirklich lebenden Hiob überzeugt.

Übrigens rechnete Jakobus Hiob zu den alttestamentlichen Propheten, wie aus dem Zusammenhang seines Zitats hervorgeht. Ähnlich hat es schon der jüdische Gelehrte Ben Sira 200 Jahre vor ihm gesehen, der in seinem Buch Hiob unter den Propheten aufführt. Und der Zeitgenosse von Jakobus, der jüdische Historiker Josephus, tat es ebenso in seiner Schrift „Gegen Apion". Auch das weist darauf hin, dass Hiob tatsächlich lebte.

Das Buch Hiob – durch Zitate als Gottes Wort beglaubigt

Hesekiël und Jakobus bezeugen also durch ihre direkte Erwähnung Hiobs, dass sie nicht nur seine Geschichte kannten und bei ihren Lesern voraussetzen konnten, sondern auch, dass sie ihn durch Gottes Wort kennengelernt hatten. Sonst hätten sie ihn nicht als Glaubensvorbild hinstellen dürfen.

Aber auch Paulus kannte das Buch Hiob und zitiert Hiob 5,13 als Heilige Schrift, um seine Aussage damit zu begründen.

> Denn was diese Welt für weise hält, ist nichts als Dummheit vor Gott. So steht es auch in der Schrift: „Er fängt die Klugen mit ihrer eigenen Schlauheit." (1Kor 3,19)

Im Römerbrief verwendet Paulus Hiob 41,3 in einem großartigen Lob Gottes. Er zitiert einen Satz aus dem Hiob-Buch unter anderen Sätzen aus prophetischen Büchern, ohne diese ausdrücklich zu nennen (Römer 11,33-36).

> Wer hat ihm je etwas gegeben, / das Gott ihm zurückgeben müsste? (Röm 11,35)

So hat möglicherweise auch Paulus das Buch Hiob als prophetisches Buch angesehen.

Fazit: Hiob war eine historische Person

Das wird erstens durch die Angaben im Prolog und Epilog im Hiob-Buch selbst bezeugt, zweitens durch den Propheten Hesekiël, der ihn in eine Reihe mit Noah und seinem eigenen Zeitgenossen Daniel stellt, drittens durch Jakobus, der das Handeln Gottes an Hiob beschreibt, und viertens durch Paulus, der Hiob zusammen mit anderen Propheten zitiert.

2. Noah – ein Mann des Glaubens

Das erste Buch Mose berichtet in sechs Kapiteln (5,29 bis 10,32) von Noah, der vor Gott und Menschen als ein gerechter Mann galt. Er gehorchte Gott, als dieser ihm befahl, eine Arche zu bauen, einen riesigen dreistöckigen Kasten von 150 x 25 x 15 Meter. Dazu sollte er entsprechende Vorräte für seine Familie und die Tiere anlegen, die Gott in die Arche bringen würde. Gott ließ dann eine schreckliche Flut über die ganze Welt kommen, die alle luftatmenden Lebewesen außerhalb der Arche vernichtete. Nach mehr als einem Jahr durfte Noah die Arche mit seiner Familie und allen Tieren wieder verlassen und noch viele Jahre auf der erneuerten Erde leben. Er wurde einer der ältesten Menschen, die je auf der Erde gelebt hatten und erlebte noch viele Generationen seiner Nachkommen, die sich rasant vermehrten.

Noah als Vorfahr der heutigen Menschheit

In der sogenannten Völkertafel (1Mo 10) werden die Nachkommen der Söhne Noahs bis zu den Stammvätern ganzer Völker aufgezählt. Alle Völker, die sich nach der Flut auf der Erde ausgebreitet haben, sind Nachkommen der Söhne Noahs. Diese Völkertafel ist einzigartig in der gesamten Literatur des Altertums. Die 70 Namen stehen in Vertretung für Nationen, die zu allen Zeiten die Erde bevölkert haben. Sie will deutlich machen, dass es keine Nation auf dieser Welt gibt, die nicht in irgendeiner Beziehung zum Volk Israel steht.

Mit nur sehr geringen Abweichungen ist dieses Kapitel in 1. Chronik 1,4-23 wiedergegeben und beweist damit, dass die Völkertafel in der Bibel sehr wohl als geschichtlich betrachtet wurde. Im 1. Buch Chronik wird dieses Register aber noch bis in spätere Generationen hinein erweitert. Und das bedeutet, dass der Verfasser der Chronikbücher fest davon überzeugt war, dass es sich bei den erwähnten Namen um wirklich existierende Vor- und Nachfahren handelte.

Auch im Geschlechtsregister von Jesus Christus (Lk 3,23-38), das die Reihe seiner Vorfahren rückwärts bis zu Adam und dessen Schöpfer aufzählt, wird Noah erwähnt. Es macht aber keinen Sinn, in einer Genealogie wirkliche mit fiktiven Personen zu vermischen. Dann hätte die Aufzählung völlig ihren Zweck verfehlt. Noah muss also als einer der Vorfahren von Jesus Christus, ein wirklicher Mensch gewesen sein.

Noah und die Flut – von Propheten bestätigt

Gott offenbarte dem Propheten Jesaja, dass seine Gnade und sein Friedensbund mit dem Volk Israel niemals aufgehoben wird. Und er begründet das mit dem Noahbund:

> Wie in Noahs Zeit soll es für mich sein, / als ich schwor, dass Noahs Flut die Erde nie mehr überschwemmen wird, / so schwöre ich jetzt: ‚Ich werde nie mehr zornig auf dich sein …‘ (Jes 54,9)

Ebenso offenbarte Gott dem Propheten Hesekiël in Androhung eines kommenden Gerichts die geschichtliche Existenz von Noah. Denn er stellte ihn neben Daniel und Hiob als gerechte Person vor, die in solch einem schlimmen Strafgericht nur sich selbst retten könnte. (Näheres dazu bei Hiob.)

Noah und die Flut – von Jesus beglaubigt

Sowohl Matthäus als auch Lukas berichten, wie Jesus Christus sein Wiederkommen vom Himmel her mit Noahs Zeit beschreibt:

> 37 „Und wenn der Menschensohn kommt, wird es so wie in Noahs Zeit
> sein. 38 Damals, vor der großen Flut, aßen und tranken die Menschen,
> sie heirateten und wurden verheiratet – bis zu dem Tag, an dem Noah
> in die Arche ging. 39 Sie ahnten nichts davon, bis die Flut hereinbrach
> und alle umbrachte. So wird es auch bei der Ankunft des Menschensohnes sein. (Mt 24,37-39)

Es ist völlig klar, dass Jesus Noah und das Geschehen um die Sintflut als geschichtliche Wirklichkeit verstand.

Lukas berichtet ausführlicher, wie der Herr nach der Erwähnung Noahs und seiner Zeit noch ein weiteres historisches Ereignis als Beispiel für sein Wiederkommen und das nachfolgende Gericht hinzufügte:

> 28 Und es wird so sein wie in Lots Zeit: Die Menschen aßen und tranken, sie kauften und verkauften, sie pflanzten und bauten 29 – bis zu
> dem Tag, an dem Lot Sodom verließ. Da regnete es Feuer und Schwefel vom Himmel und brachte alle um. 30 Genauso wird es an dem
> Tag sein, an dem der Menschensohn für alle sichtbar werden wird.
> (Lk 17,28-30)

Es kann keinen Zweifel daran geben, dass Jesus Christus nicht nur Noah, sondern auch Lot als historische Personen verstand und das göttliche Gericht durch die weltweite Flut und die

Vernichtung von Sodom und Gomorra als Geschehen in geschichtlicher Zeit.

Noah – durch Petrus beglaubigt

Ganz ähnlich argumentiert der Apostel Petrus. Er warnt vor dem kommenden Gericht Gottes und begründet das mit dem Geschehen um Noah:

> Er (Gott) hat auch die frühere Welt nicht verschont. Nur Noah, der die Menschen ermahnte, Gott zu gehorchen, wurde mit den sieben Mitgliedern seiner Familie gerettet, als Gott die Flut über die Welt der Gottlosen brachte. (2Petr 2,5)

Anschließend argumentiert er genauso wie Jesus, sein Herr, mit dem Geschehen von Sodom und Gomorra, aus deren Untergang nur der gerechte Lot gerettet wurde.

In seinem ersten Brief schreibt Petrus, dass der gerechte Jesus für die Sünden litt und für die Ungerechten starb. Er wurde dann durch den Geist Gottes wieder lebendig gemacht. Und in diesem Geist ist er „hingegangen und hat den Geistern im Gefängnis gepredigt, die einst ungehorsam gewesen waren, als die Langmut Gottes in den Tagen Noahs abwartete, während die Arche gebaut wurde, in die wenige, das sind acht Seelen, durchs Wasser hindurchgerettet wurden." So etwa die wörtliche Übersetzung von 1. Petrus 3,19-20. Zugegebenermaßen ist dieser lange Satz eine Herausforderung an jeden Bibelausleger. Aber egal, wie man das hier erwähnte geistliche Geschehen versteht, es ändert nichts an der Tatsache, dass für Petrus Noah und seine Familie in jedem Fall geschichtliche Personen waren, Menschen, die die Sintflut überlebten.

Wir verstehen die Verse so, dass Jesus durch den Heiligen Geist in Noah wirkte, sodass er durch Noah den in Sünde gefangenen Menschen damals lange Zeit gepredigt hat. Das waren also die Menschen,

> die zur Zeit Noahs ungehorsam waren. Damals wartete Gott geduldig auf ihre Umkehr, bis Noah die Arche fertig gebaut hatte. Doch nur acht Menschen wurden in der Arche durch das Wasser der Sintflut hindurch gerettet. (1Petr 3,20)

Anschließend erklärt Petrus, dass dies ein Bild für die Taufe ist, die wie die Arche durch das Wasser hindurch rettet. Mit der Anwendung auf die Taufe wird für Petrus das Geschehen um die Sintflut aber nicht unwirklich. Er schreibt nämlich von Gott, der mit großer Geduld den Bau der Arche abwartete, durch die dann acht Menschen die Sintflut überlebten.

Noah – der Glaubensheld zwischen Henoch und Abraham

In dem berühmten 11. Kapitel des Hebräerbriefes werden Menschen des Glaubens aus dem Alten Testament aufgeführt und zwar von Abel, dem ersten Märtyrer, bis zu den Propheten. Hier besteht nicht der geringste Zweifel, dass es sich in jedem Fall um historische Personen und Ereignisse handelte, in denen der Glaube der Betreffenden sichtbar wurde. Es wird betont, dass Noah diesen Riesenkasten praktisch auf dem Trockenen gebaut hatte, denn von einer Sintflut war während der ganzen Bauzeit (120 Jahre nach 1. Mose 6,3) noch nichts zu sehen:

> Aufgrund des Glaubens baute Noah eine Arche, um seine Familie zu retten. Er gehorchte der göttlichen Weisung in ehrfürchtiger Scheu, obwohl von dem angedrohten Unheil noch nichts zu sehen war. Durch dieses Vertrauen auf Gott verurteilte er die damalige Welt und wurde ein Erbe jener Gerechtigkeit, die aus dem Glauben stammt. (Hebr 11,7)

Fazit: Noah war eine historische Person

Die Bibel lässt an keiner Stelle einen Zweifel daran aufkommen, dass Noah wirklich lebte und genau das tat, was von ihm berichtet wird. Das bestätigen sowohl die Geschlechtsregister als auch die Propheten, das beglaubigte Jesus (durch die Zeugnisse von Matthäus und Lukas) sowie Petrus und schließlich auch der Hebräerbrief.

3. Adam – der erste Mensch

Das hebräische Wort *adam* kommt schon im ersten Kapitel der Bibel vor, als Gott sagte:

> „Lasst uns *Menschen* machen als Abbild von uns, uns ähnlich. Sie sollen über die Fische im Meer herrschen, über die Vögel am Himmel und über die Landtiere, über die ganze Erde und alles, was auf ihr kriecht!" (1Mo 1,26)

Adam bedeutet so viel wie „von der Erde genommen" (*adama* = Erdboden). Im Alten Testament wird dieses Wort meist im Sinn von Menschen oder Menschheit gebraucht. Aber an vielen Stellen wird durch den Zusammenhang deutlich, dass sehr wohl auch eine Einzelperson gemeint sein muss.

> Dann sagte Jahwe, Gott: „Es ist nicht gut, dass *der Mensch* so allein ist. Ich will ihm eine Hilfe machen, die ihm genau entspricht." (1Mo 2,18)

Schließlich wird klar, dass Adam auch ein Name sein kann, wie er bis heute noch häufig vorkommt.

> Adam gab seiner Frau den Namen **Eva**, Leben, denn sie sollte **die Mutter** aller lebenden Menschen werden. (1Mo 3,20)

Eva als „die Mutter aller Lebenden" kann hier nicht die Menschheit meinen. Auch in 1. Mose 4,1 können Adam und „seine Frau" nur individuell verstanden werden. Spätestens in den Geschlechtsregistern (1Mo 5,1-5; 1Chr 1,1; Lk 3,38) wird klar, dass der hebräische Begriff *adam* in all diesen Fällen eine Einzelperson mit ihrem Namen meint.

Adam bei Hiob und Hosea

Es ist bemerkenswert, was wir im Buch Hiob, dem vielleicht ältesten Buch der Menschheit, über Adam finden:

> Habe ich wie Adam meine Sünde verdeckt, / meine Schuld in meiner Brust versteckt ... ? (Hi 31,33)

Hiob und der, der das Buch Hiob unter göttlicher Inspiration aufschrieb, kannten also nicht nur Adam, sondern wussten auch um den Sündenfall. Sie kannten sogar noch weitere Einzelheiten, nämlich, dass Adam seine Sünde vor Gott verstecken wollte, genauso wie es 1. Mose 3 berichtet wird.

Auch Hosea muss der Sündenfall des ersten Menschen bekannt gewesen sein, als Gott ihm diese Botschaft mitteilte und die Übertretung seines Gebots durch Adam mit dem Bruch des Bundes durch Israel verglich.

> Wie Adam haben sie den Bund übertreten, / schon damals fielen sie von mir ab. (Hos 6,7)

Ja, die Israeliten schlugen wie einst Adam das Gebot Gottes in den Wind und ließen sich von ihren Frauen anstiften, von ihm abzufallen.

Allerdings stoßen wir hier möglicherweise noch auf eine andere Bedeutung von *adam*. Viele Übersetzer meinen nämlich, dass Hosea nicht den ersten Menschen, sondern die Stadt Adam meint, die Josua 3,16 genannt wird. Die Bibel berichtet aber nirgendwo, dass in dieser Stadt irgendwann eine in ganz Israel bekannte Übertretung des Bundes Gottes geschehen wäre. Deshalb ist in dem Satz wohl doch Adam, der erste Mensch, gemeint.

Adam – was das Neue Testament über ihn sagt

Das Neue Testament lässt nun überhaupt keinen Zweifel mehr daran, dass Adam eine historische Person war.

So schreibt Judas, der Bruder des Herrn, in seinem Brief (Jud 14), dass Henoch „der Siebtente von Adam an" gewesen ist. Gemeint ist „Henoch, der Nachkomme Adams in siebter Generation". Judas bezieht sich dabei auf den Henoch, der schon in dem Register der Nachkommen Adams 1. Mose 5 erwähnt wird. Auch wenn Judas vielleicht aus dem apokryphen Buch Henoch zitiert, heißt das nicht, dass er dieses Buch eines frommen Mannes aus dem Jahr 110 v. Chr. als Heilige Schrift autorisiert. Aber diese Aussage über Henoch, die möglicherweise auch mündlich überliefert wurde, war jedenfalls richtig.

Uns geht es jetzt aber nicht um Henoch, sondern um Adam. Der steht immer an der Spitze der drei genannten Geschlechtsregister und muss deshalb so wie Henoch als Einzelperson angesehen werden.

Noch viel deutlicher ist Paulus in seinen Briefen. Er schreibt vom ersten Menschen Adam und vergleicht ihn mit dem letzten Adam, nämlich Christus (1Kor 15,45). Paulus kennt auch die Einzelheiten des Sündenfalls und verwendet sie in seiner Argumentation:

> 13 Denn **zuerst wurde Adam geschaffen, dann Eva.** 14 Es war auch nicht Adam, der betrogen wurde. Die Frau ließ sich verführen und übertrat das Gebot. (1Tim 2,13-14)

Er beschreibt auch die Zeitspanne zwischen Adam und Mose. So etwas funktioniert nicht mit einer literarischen Figur, sondern nur bei Menschen, die wirklich gelebt haben. Man kann ja auch keine Zeitspanne zwischen „Winnetou" und „Harry Potter" angeben, ohne sich lächerlich zu machen. Was aber Paulus schreibt, das ist sehr ernst gemeint:

> Trotzdem herrschte schon in der **Zeit zwischen Adam und Mose** der Tod auch über die Menschen, die kein ausdrückliches Gebot übertraten, also nicht in derselben Weise wie Adam sündigten. Mit seinem

Ungehorsam ist Adam das genaue Gegenteil von dem, der kommen soll. (Röm 5,14)

Über die theologischen Konsequenzen werden wir uns im letzten Kapitel Gedanken machen.

Fazit: Adam war eine historische Person.
So wird es nicht nur in der Schöpfungsgeschichte, sondern auch sonst im Alten Testament, vor allem aber unmissverständlich im Neuen Testament bezeugt.

4. Mose – Führer, Gesetzgeber und Prophet

Fast 800 Mal taucht der Name Mose in der Bibel auf. Im Gegensatz zu anderen Namen, für die es oft mehrere Namensträger gibt wie zum Beispiel Jechiël (neun verschiedene Personen) oder auch Jesaja (sieben verschiedene Personen) bezieht sich der Name Mose immer auf dieselbe Person. Vier Bücher der Bibel berichten ausführlich über sein Leben und seine Taten (2.-5. Buch Mose).

Demnach wurde Mose in Ägypten geboren. Als drei Monate alten Säugling setzten ihn seine Eltern in einem Kästchen im Schilf des Nilstroms aus. Die Pharaostocher fand ihn dort und nahm ihn als Kind an. Sie gab ihm auch den Namen Mose, was im Ägyptischen so viel bedeutet wie „Sohn eines unbekannten Vaters" (andere deuten den Namen als „von Gott geboren"). Im Hebräischen bedeutet der Name „Herauszieher", was vielleicht eine Umgestaltung aus „Herausgezogener" ist. Aber Mose, der aus dem Wasser Gezogene (2Mo 2,10), wurde ja zum „Herauszieher" des Volkes Israel aus der Sklaverei in Ägypten.

Mose war der unbestrittene Führer des Volkes Israel, durch den Gott auffällig viele Wunder geschehen ließ, der auch vor Gott immer für sein Volk eintrat und Israel die Gesetze Gottes übermittelte.

Mose im restlichen Alten Testament

Wenn nach Moses Tod von Josua berichtet wird:

> An diesem Tag machte Jahwe Josua vor dem ganzen Volk groß. Die Israeliten hatten den gleichen **Respekt vor ihm, wie sie ihn vor Mose gehabt hatten**. Und so blieb es sein Leben lang. (Jos 4,14)

dann war für den Verfasser des Buches Josua klar, dass Mose wirklich die Führerpersönlichkeit Israels gewesen ist, der das Volk aus Ägypten heraus bis an die Grenze des Landes Kanaan geführt hatte. Quer durch das ganze Buch Josua wird immer wieder bestätigt: Josua sorgte dafür, dass die Israeliten genau das taten, was Mose ihnen befohlen hatte. Als Kaleb 85 Jahre alt war, erinnerte er sich noch genau an das, was Mose ihm versprochen hatte, und erinnerte Josua daran:

> 9 An diesem Tag **hatte Mose mir unter Eid versprochen**: ‚Der Teil des Landes, den du als Kundschafter betreten hast, soll dir und deinen Nachkommen für immer gehören! Denn du bist Jahwe, meinem Gott, treu gefolgt.' 10 Das ist jetzt 45 Jahre her und Jahwe hat mich tatsächlich am Leben erhalten, wie er es mir damals in der Wüste **durch Mose versprochen** hatte. Heute bin ich 85 Jahre alt. (Jos 14,9-10)

Kaleb hatte das durchaus nicht geträumt, denn Josua wusste ebenfalls von diesem Versprechen Moses und erfüllte es Kaleb 45 Jahre später, nach der Eroberung des Landes Kanaan.

Im Buch der Richter wird anschließend gezeigt, wie jeder Stamm nur das machte, was er selbst für richtig hielt. Gott musste die Israeliten durch umliegende Völker bestrafen.

> Durch sie sollten die Israeliten auf die Probe gestellt werden, damit in Erfahrung gebracht würde, ob sie den Geboten Jahwes, die er ihren Vorfahren **durch Mose** gegeben hatte, gehorchen würden. (Ri 3,4)

Nach dem Tod Josuas gab es erst einmal keinen zentralen Führer mehr, aber auch in dieser Zeit zweifelte kein Israelit daran, dass Mose gelebt hatte und dem Volk Israel das von Gott übermittelte Gesetz gab. Sie kannten ja sogar den Namen von Moses Schwiegervater, von dessen Nachkommen jetzt einige unter ihnen lebten (Ri 4,11).

Auch noch in viel späterer Zeit unter Samuel, den Königen Israels und als die Chronikbücher geschrieben wurden, zweifelte kein Mensch an der Person des Mose (1Sam 12,8; 1Kö 8,9; 1Chr 22,13) und dass er das Gesetzbuch im Auftrag Gottes niedergeschrieben hatte. Etwa 1000 Jahre nach dem Tod Moses zweifelte immer noch niemand daran, dass Gott dem Volk Israel durch seinen Diener Mose die Gebote, Gesetze und Anordnungen gegeben hatte, die sie so oft missachteten (Neh 1,7).

So war es auch bei den Propheten, die den Auftrag hatten, Gottes Volk immer wieder zu Gott und seinen Ordnungen zurückzuführen. Für sie war Mose eine reale Person, die damals wirklich unter Gottes Volk gelebt (Jes 63,11) und Israel das Gesetz gegeben hatte (Dan 9,11). Niemals war Mose nur eine literarische Figur für sie, auch wenn sie nur durch die Tora (die fünf Bücher Mose) von ihm wussten.

Mose – was Jesus über ihn denkt und sagt

Nach dem Zeugnis des **Matthäus** sprach Jesus von Mose immer als Person. Er befahl einem gereinigten Aussätzigen, das Opfer zu bringen, das Mose angeordnet hat (Mt 8,4). Er sagte nicht: „wie es in den Mosebüchern geschrieben steht". Schließlich kannte er Mose ja persönlich, wie auf dem Berg der Verklärung offensichtlich wurde. Gleich drei von seinen Jüngern konnten das bezeugen (Mt 17,3-4). Wer diese Geschichte bezweifelt, muss annehmen, dass sie von irgendjemand erfunden wurde, angeblich, um „Jesus zu ehren". Sie wird aber nicht nur von Markus, sondern auch von Lukas, dem Arzt und Historiker überliefert.

Als es um die Frage der Scheidung ging, erklärte Jesus den Pharisäern, warum Mose das damals erlaubt hatte, es aber trotzdem nicht Gottes ursprünglichem Willen entsprach (Mt 19,8).

Der Evangelist **Markus** bestätigt das alles in seinem Evangelium und fügt ausdrücklich hinzu, dass Jesus nur dann das Buch meinte, wenn er auch vom „Buch Moses" sprach (Mk 12,26).

Bei **Lukas** hingegen ist Mose nur bei dem Opfer für den geheilten Aussatz und dem Geschehen auf dem Berg der Verklärung (siehe Matthäus) als Person gemeint. Ansonsten bezieht sich Jesus auf die Schriften von „Mose und den Propheten", wie aus dem jeweiligen Zusammenhang hervorgeht. Das bedeutet aber keineswegs, dass er Mose und die Propheten nur als literarische Gestalten betrachtete, sondern als diejenigen, die diese Bücher geschrieben hatten. Für Jesus waren das immer reale Personen.

Im **Johannes**-Evangelium wird Jesus direkt der Person des Mose gegenübergestellt:

> Durch Mose wurde das Gesetz gegeben, aber durch Jesus Christus sind Gnade und Wahrheit zu uns gekommen. (Joh 1,17)

Jesus selbst redet nach dem Zeugnis des Johannes von Mose immer als Person, die etwas gesagt, getan oder geschrieben hat: „Nicht Mose hat euch das Brot aus dem Himmel gegeben" (Joh 6,32) oder: „Mose gab euch die Beschneidung – nicht dass sie von Mose sei, sondern von den Vätern ..." (Joh 7,22).

Für Jesus gab es keinen Zweifel, dass Mose, der die Tora niederschrieb und das Volk Israel durch die Wüste führte, wirklich gelebt hat und dass er wie die Väter Israels bereits in der unsichtbaren Welt Gottes lebt (Lk 9,30ff; Mk 12,26f).

Mose in den Geschichtsbüchern des Neuen Testaments

Wenn in den Evangelien oder der Apostelgeschichte andere Personen, zum Beispiel die Pharisäer, von Mose sprechen, ergibt sich überall das gleiche Bild. Entweder meinen sie Mose als Person oder sie beziehen sich auf sein Buch, die Tora.

Nicht anders ist das in der **Apostelgeschichte**. Nach dem Zeugnis des Lukas sprach vor allem Stephanus von Mose eindeutig als Person. In seiner Verteidigungsrede vor dem Hohen Rat bezog Stephanus sich auf verschiedene Einzelheiten aus dem Leben von Mose: seine Geburt, seine ägyptische Erziehung, seine Flucht, die Erscheinung am Dornbusch, seine Führerschaft, das goldene Kalb, den Bau des Zeltes für das Bundesgesetz. Er wollte seinen Anklägern zeigen, dass Gott im Verlauf seiner Heilsgeschichte immer wieder wesentliche Änderungen für sein Volk vorgesehen hatte. Aber Israel hatte das stets abgelehnt. Schon als er ihnen einen Führer bestimmte, lehnten sie ihn ab. Stephanus sagte:

> **Gerade dieser Mose** sagte zu den Israeliten: ‚Einen Propheten wie mich wird Gott aus eurer Mitte erwecken.' (Apg 7,37)

Mit diesem Zitat zielte Stephanus direkt auf Jesus Christus, was ihm schließlich den Tod durch Steinigung einbrachte.

Mose in den Briefen des Neuen Testaments

Paulus nennt weitere Einzelheiten aus dem Leben des Mose, zum Beispiel die Zauberer, die Mose beim Pharao widerstanden (2Tim 3,8). Deren Namen, „Jannes" (etwa: der Verführer) und „Jambres" (etwa: der Rebell), werden im 2. Buch Mose allerdings nicht genannt. Möglicherweise waren es symbolische Namen für die ägyptischen Zauberer, die die Wunder Moses nachahmten. Paulus kannte sie offenbar nur aus der jüdischen Überlieferung. Trotzdem ist die Erwähnung der Zauberer für Paulus ein böses Beispiel für die endzeitlichen Verführer, vor denen er Timotheus warnt. Damit bestätigt er nicht nur die Existenz dieser Zauberer als Personen, sondern auch die des Mose.

Paulus weiß davon, dass Gott zu Mose geredet hatte (Röm 9,15) und dass Mose sein Gesicht mit einem Tuch bedecken musste

(2Kor 3,13). Er bezieht sich auf den Durchzug durch das Schilfmeer, auf die göttliche Gabe des Manna, das Wunder vom Wasser aus dem Felsen und das Strafgericht Gottes, das allen erwachsenen Israeliten im Laufe der Wüstenwanderung das Leben kostete (1Kor 10,2-5). Das alles versteht der Apostel als warnende Beispiele für die Christen in Korinth (1Kor 10,6). Er warnt sie außerdem sehr deutlich vor Götzendienst, vor außerehelichem Sex und vor Rebellion gegen Christus und Gott und begründet das im 1. Korintherbrief mit weiteren Einzelheiten, die alle in den Büchern Mose beschrieben sind (1Kor 10,7-11). In jedem Fall geht er von wirklichen Geschehnissen aus, die Mose alle miterlebt hatte und die ein schlimmes Strafgericht Gottes nach sich zogen.

Auch der **Hebräerbrief** nennt weitere Einzelheiten aus dem Leben des Mose: den Glauben seiner Eltern, die das Kind verbargen, die Entscheidung Moses für sein Volk und nicht für den Wohlstand im Pharaonenpalast, seinen Widerstand gegen den Pharao und das Verlassen Ägyptens an der Spitze Israels, die Einführung des Passahfestes und den Durchzug durch das Rote Meer (Hebr 11,23-29). All diese Einzelheiten waren nicht nur dem Verfasser des Hebräerbriefes bekannt, sondern auch denen, an die sein Brief gerichtet war. Auch heutige Leser finden darin viele Hinweise auf echten Glauben von wirklichen Menschen.

Der Verfasser des **Judasbriefes** erwähnt noch einen Streit um den Leichnam von Mose. Judas, der sich als Bruder des Jakobus vorstellt (Jud 1), warnte seine Leser vor anmaßenden Verführern, die Gottes Gnade missbrauchten, um ein zügelloses Leben zu führen. Sie schändeten dabei ihren eigenen Körper, ordneten sich keiner Herrschaft unter und verspotteten überirdische Mächte. Um diese Irrlehrer bloßzustellen, benutzte Judas eine Art jüdisches Andachtsbuch, das damals sehr beliebt war, nämlich „Die Himmelfahrt Moses". Diese und andere apokryphe Schriften waren auch unter Christen nur allzu beliebt. In der genannten Schrift wird der biblische Bericht vom Tod des Mose (5Mo 34,5-6) ausgeweitet. Es wird erklärt, dass Gott den Erzengel Michael beauftragt hätte,

Moses Leichnam zu begraben. Dabei habe sich der Teufel mit Michael darüber gestritten, wem der Leichnam nun gehören würde. In diesem längeren Wortwechsel ließ Michael sich aber nicht bewegen, böse vom Teufel zu sprechen und ihn zu beschuldigen. Und genau dieses Argument hält Judas den Sektierern in der Gemeinde vor, die sich nicht einmal scheuten, überirdische Mächte zu lästern. Es ist sozusagen ein *argumentum ad hominem*, ein Argument, mit dem Judas die Irrlehrer direkt angreift, und zwar wegen ihrer Neigung zu apokryphen Schriften. Wenn sie diese Schriften so liebten, dann müssten sie doch wenigstens dem dort beschriebenen Vorbild des Erzengels Michael folgen.

Nun könnte man den Hinweis auf eine apokryphe Schrift durch Judas natürlich auch anders auffassen und behaupten: Wenn der Judasbrief solch eine unsichere Quelle zitiert, dann hat er auch die Person des Mose fragwürdig gemacht. Denn woher sollen wir wissen, dass die anderen biblischen Schriften sich nicht auch auf solche fragwürdigen Quellen gestützt haben. Weiter unten (V. 14f) gebrauchte Judas ja noch einmal eine apokryphe Schrift, nämlich das Henoch-Buch. Dieses Buch schildert apokalyptische Szenen und war in der Zeit des Neuen Testaments sehr beliebt. Bis heute ist es sogar Teil des Bibelkanons der äthiopisch-orthodoxen Kirche. Also, warum sollte Mose wirklich existiert haben?

Dagegen ist einzuwenden, dass Judas ja nicht zitiert. Es fehlt jede Zitationsformel oder die Berufung auf Gott. Judas verwendet Beispiele, die in der gnostisch-libertinistischen Sekte bekannt waren, und schlägt diese Leute sozusagen mit ihren eigenen Waffen. Damals lebten die Mitglieder der Sekte offensichtlich noch in der Gemeinde und mästeten sich an ihren Liebesmahlen (V. 12).

Außerdem ist nicht einmal sicher, dass Judas tatsächlich diese Schriften verwendet hat und ihnen damit eine hohe Autorität zuschrieb. Möglicherweise stützte er sich einfach nur auf sehr bekannte mündliche Überlieferungen.

Mit Sicherheit zielen die vielen anderen Hinweise und Zitate im Alten wie auch im Neuen Testament direkt auf Mose als Person.

Fazit: Mose war eine historische Person

Kein Mensch in der Bibel, kein Verfasser biblischer Bücher und schon gar nicht der Sohn Gottes selbst äußerten jemals den geringsten Zweifel daran, dass Mose genau der ist, der in seinen Büchern beschrieben wird.

5. Jona – der widerspenstige Prophet

Ein kleines Buch, das in einer Standardbibel nur zwei Textseiten lang ist, trägt den Namen Jona. Es beschreibt die Geschichte eines Propheten, der von Gott den Auftrag erhielt, den Assyrern Gottes Gericht anzudrohen. Jona weigerte sich und versuchte, vor Gott zu fliehen. Gott gebrauchte einen Sturm und einen sehr großen Fisch, um Jona an den Ausganspunkt zurückzubringen. Der erfüllte dann seinen Auftrag in Ninive und ärgerte sich anschließend über den Erfolg seiner Botschaft.

Der Name Jona kommt 25-mal in der Bibel vor und nur einmal ist nicht der Prophet gemeint, sondern der Vater von Petrus. Petrus wird nämlich einmal von Jesus so angesprochen: „Wie glücklich bist du, Simon Bar Jona!" (Lk 16,17). *Bar* ist Aramäisch und heißt Sohn.

Vom Propheten Jona spricht zunächst das Buch selbst und einmal das erste Buch der Könige Israels. Im Neuen Testament spricht nur Jesus von Jona. Er macht dabei aber bedeutende Aussagen, die uns von Matthäus und Lukas überliefert worden sind.

Jona und sein Buch

Kein Buch des Alten Testaments ist, abgesehen von den Psalmen, so häufig ausgelegt worden, wie das Buch Jona. Doch es ist ein Ärgernis für Freund und Feind. Die Einen ärgern sich, dass sie die Geschichte mit dem Riesenfisch, der Jona verschluckte und nach drei Tagen an Land wieder ausspuckte, nicht „vernünftig" erklären können. Die anderen ärgern sich, dass sie den Zweck dieser „Dichtung" nicht wirklich erklären können. Sie nennen es eine moralische Dichtung, eine lehrende Fabel oder einen historischen Mythos, eine Parabel, eine Heiligenlegende, eine kunstvoll ausgebaute Sage, ein Märchen oder einfach Seemannsgarn. Aber wozu kam dieses kleine Buch dann in die Bibel? Fast jeder der Kritiker vermutet etwas Anderes. Die Leser des Buches sollten verstehen,

- dass Gott auch anderen Völkern heilsame Erkenntnis schaffen will,
- dass der Mensch anders denkt, beschließt, wünscht und handelt als Gott,
- dass die Heiden den Juden überlegen sind,
- dass die verachteten Heiden die Juden an Edelmut in den Gesinnungen und Güte des Herzens weit überträfen und daher Gnade und Liebe Gottes verdienten,
- dass der gnädige Gott gern dem die Sünden verzeiht, der sie ernstlich bereut,
- dass es die jüdische Sonderstellung zugunsten eines weltweiten Universalismus und einer toleranten Humanität bekämpft,
- dass Israel sich als Missionar der heidnischen Völkerwelt verstehen soll,
- dass dieses Buch als eine der letzten Äußerungen der Prophetie Israels ein Wort vernichtender Selbstkritik sei.

Sicher ist für diese Ausleger offenbar nur eins, nämlich, dass sie sich über den Zweck dieser „Dichtung" nicht einig sind. Sie können auch nicht einleuchtend erklären, welchen Überlieferungsstoff der Verfasser angeblich verarbeitet hat. Dabei stört sie besonders der Fisch.

Aber **warum sollte man dieses kleine Buch über Jona nicht einfach als das verstehen, was es offensichtlich darstellt, nämlich als den Bericht eines Propheten. Das geht natürlich nur, wenn man einerseits an echte Prophetie glaubt und an Wunder, die durch Gottes Eingreifen geschehen**, wie wir schon in Kapitel zwei bemerkt haben.

Es ist gut denkbar, dass Jona mit diesem Bericht eine Rechtfertigung seines Wirkens in Ninive geben wollte. Von daher ist es nicht ausgeschlossen, dass Jona das Buch selbst niedergeschrieben hat. Möglicherweise hat er es wie der Prophet Jeremia (Jer 36,4) einem Schreiber diktiert. Schließlich könnte auch ein Schüler Jonas das Buch geschrieben haben, weil von Jona nie im Ich-Stil berichtet wird. Sehr wahrscheinlich ist es schon im 8. Jahrhundert v. Chr. entstanden.

Jona als Person

In seinem Buch wird Jona als Sohn Amittais vorgestellt. Weil der Name Amittai nur noch einmal in der Bibel vorkommt und dort ebenfalls als Vater Jonas benannt wird, sind wir sicher, dass es sich um den gleichen Jona handelt.

> Doch es gelang ihm (gemeint ist Jerobeam II.), die Gebiete zurückzuerobern, die zu Israel gehörten, von Lebo-Hamat bis hinunter zum Meer der Araba. **Damit erfüllte sich, was Jahwe, der Gott Israels, durch seinen Diener Jona Ben-Amittai aus Gat-Hefer angekündigt hatte**. (2Kö 14,25)

Daraus ergibt sich folgendes Bild über Jona:

1. Jona war ein echter Prophet, denn seine Weissagung erfüllte sich.
2. Jona wird ausdrücklich als Diener Gottes (äbäd = Sklave, Knecht, Diener) bezeichnet, was nicht nur im Alten Testament ein Ehrentitel war.

3. Jona lebte in der Zeit Jerobeams II., der das Nordreich Israel von 788-748 v. Chr. regierte. Seine 40-jährige Regierungszeit und sein friedliches Ende waren einmalig im Nordreich. Das Land erlebte eine beispiellose wirtschaftliche Blüte und eine Ausdehnung fast bis zu der Größe, die Israel einst unter Salomo besaß. Jonas hier genannte Weissagung ist deshalb wohl am Anfang von Jerobeams Regierungszeit ausgesprochen worden.
4. Jona stammte aus Gat-Hefer, einem Ort ungefähr in der Mitte zwischen dem See Gennesaret und dem Karmel-Gebirge. Heute heißt der Ort Chirbet ez-zerra. Nazareth liegt ungefähr 5 km südwestlich davon, Kana 2 km nordwestlich. Jesus wuchs also – 800 Jahre später – ganz in der Nähe von Jonas Heimat auf.

Im ganzen Buch Jona wird der Prophet nirgends als Vorbild dargestellt, sondern sehr nüchtern als Mensch, der zwar erlebte, dass er von Gott angesprochen wurde, aber völlig anders darauf reagierte, als man von einem Propheten erwarten könnte. Er war ungehorsam und rechthaberisch Gott gegenüber. Ja, er war weder ein Glaubensheld noch ein Wundertäter. Und die im Buch beschriebenen Wunder hat er mehr erlitten als erlebt. Warum sollte jemand solch eine Geschichte erfinden, wenn sie nicht genau der Wirklichkeit entsprach?

Jona und Jesus

Bei drei Gelegenheiten hat Jesus von Jona gesprochen. Jedes Mal tat er das mit ähnlichen Worten. Und immer wird ohne Zweifel deutlich, dass für ihn Jona keine Sagengestalt war. So spricht er ausdrücklich vom *Propheten* Jona. Außerdem war das Erleben Jonas für ihn ein wirkliches Geschehen, ein Stück echte Prophetie, die sich in ihm selbst erfüllen würde.

Wer meint, Jona anders einschätzen zu müssen, glaubt es besser zu wissen als Jesus oder er muss behaupten, diese Worte seien

Jesus erst nachträglich und fälschlicherweise in den Mund gelegt worden. Schauen wir uns genauer an, was Jesus jeweils sagte.

Jona für Pharisäer und Schriftgelehrte

Matthäus berichtet, wie Jesus einen taubblinden, von Geistern besessenen Mann heilte, sodass dieser wieder hören und sehen konnte. Das führte zu einer Diskussion mit Pharisäern und Gesetzeslehrern, die behaupteten, Jesus sei vom Teufel besessen. Jesus weist das mit klaren Argumenten und logischen Gründen zurück. Seine Gegner aber wollten unbedingt wissen, welche Macht hinter Jesus steht. Deshalb verlangten sie ein Wunderzeichen von ihm.

> 39 „Diese verdorbene Generation, die von Gott nichts wissen will, verlangt nach einem Zeichen!", antwortete Jesus. „Doch es wird ihnen keins gegeben werden, nur das **des Propheten Jona**. 40 Denn **wie Jona drei Tage und drei Nächte im Bauch des großen Fisches war**, so wird der Menschensohn drei Tage und drei Nächte im Schoß der Erde sein. 41 Im Gericht werden **die Männer von Ninive** auftreten und diese Generation schuldig sprechen. **Denn sie haben ihre Einstellung auf Jonas Predigt hin geändert** – und hier steht einer, der mehr bedeutet als Jona. (Mt 12,39-41)

Jesus verweigert das geforderte Zeichen, verweist aber auf das Geschehen mit Jona, das seinen Zuhörern bestens bekannt war und keinerlei Protest hervorrief. Jona war nach der Aussage von Jesus Christus wirklich drei Tage und drei Nächte im Bauch des großen Fisches. Übrigens muss man hier nicht annehmen, dass Jona volle 72 Stunden im Bauch des Fisches auf seine Befreiung warten musste. „Drei Tage und drei Nächte" ist eine altjüdische Redewendung und bedeutet drei Zeiteinheiten (*ona*), wobei eine angebrochene *ona* immer als Ganzes gezählt wurde. Das Minimum wäre also der mittlere Tag von 24 Stunden plus ein restliches Stück vom ersten und ein neues Stück vom dritten Tag.

So lange wie Jona diese Zeit im Bauch des Fisches „begraben" war, so lange würde Jesus nach seiner Kreuzigung im Schoß der Erde begraben sein. Dieses Zeichen haben die Pharisäer und Schriftgelehrten tatsächlich bekommen und – im Gegensatz zu den Jüngern des Herrn – sogar ernst genommen. Denn Matthäus berichtet, dass die Hohen Priester und Pharisäer am Tag nach der Grablegung des Herrn aus diesem Grund von Pilatus eine Wache für das Grab erbaten (Mt 27,62-66).

Dass Jesus in seiner Antwort an die Pharisäer und Gesetzeslehrer auch noch die Niniviten erwähnte und in diesem Zusammenhang auf das Endgericht Gottes vorausschaute, zeigt, dass er das Jonabuch als wirkliches Geschehen gelesen und verstanden hat. Ebenso wirklich war für ihn der Bericht vom Besuch der Königin aus dem Südland bei Salomo, der in 1. Könige 10 berichtet wird. Denn deren Zeugnis würde beim Endgericht Gottes ebenfalls eine Rolle spielen (Mt 12,42).

Jona für Pharisäer und Sadduzäer

Bei einer anderen Gelegenheit kamen Pharisäer und Sadduzäer aus Kafarnaum zu Jesus und begannen ein Streitgespräch mit ihm. Er sollte ihnen ein Wunderzeichen aus dem Himmel vorführen. Jesus entgegnete ihnen, dass sie zwar bestimmte Wetterzeichen verstehen und richtig deuten konnten, nicht aber die Zeichen der Zeit. Dann sagte er:

> „Eine verdorbene Generation, die von Gott nichts wissen will, verlangt nach einem Zeichen! Doch es wird ihnen keins gegeben werden, nur das des **Propheten Jona**." Damit ließ er sie stehen und ging weg. (Mt 16,4)

Jesus sprach hier die Führer des Volkes Israel an, die von Gott nichts wissen wollten. Das einzige Zeichen für sie würde das des Propheten Jona sein. Wieder sprach Jesus von Jona als Prophet, dessen Weissagung sich in ihm erfüllen würde. Dann ließ er keinen Widerspruch mehr zu und wandte sich von ihnen ab.

Jona für das ganze Volk

Bei einer dritten Gelegenheit trieb Jesus erneut einen Dämon aus einem Stummen aus, worauf der Stumme wieder reden konnte. Die Leute staunten darüber, aber einige von ihnen wiederholten den Vorwurf der Pharisäer und Schriftgelehrten, dass Jesus dies durch Beelzebul, den Oberdämon, tun würde. Jesus antwortete sachlich und klar. Eine Frau unterbrach ihn mit einem Glückwunsch an die Mutter von Jesus.

> 28 „Ja", sagte Jesus, „doch wirklich glücklich sind die Menschen, die das Wort Gottes hören und befolgen." 29 Als immer mehr Leute sich herandrängten, sagte er: „Diese verdorbene Generation verlangt dauernd nach einem Zeichen. Doch es wird ihnen keins gegeben werden – nur **das des Propheten Jona.** 30 Denn **wie Jona für die Menschen von Ninive ein Zeichen war**, so wird es der Menschensohn für diese Generation sein. (Lk 11,28-30)

Jesus kam es immer darauf an, dass die Menschen so auf das Wort Gottes hörten, wie er das mit dem Buch Jona tat. Er wusste, dass Jona keine erfundene Gestalt war, sondern ein wirklicher Prophet. Und als solcher war er als Person für die Menschen von Ninive ein Zeichen und zwar gerade dadurch, dass sie alle Jonas Botschaft glaubten und ihre Einstellung änderten. Daraufhin stellte sich das angedrohte Gericht Gottes nicht ein.

Lukas erwähnt ebenso wie Matthäus den Besuch der Königin von Saba bei Salomo, denn sie erfuhr von der Weisheit Salomos und nahm eine weite Reise auf sich, um ihn zu hören. Jesus war sich seiner eigenen Bedeutung bewusst und sprach das in diesem Zusammenhang auch aus. Er war und ist sehr viel bedeutender als Salomo. Aber gerade ihm glaubte die verdorbene Generation der Juden nicht, sondern forderte immer wieder Zeichen. Deshalb sagte Jesus: Diese Königin wird beim Endgericht Gottes gegen die Männer dieser Generation auftreten und sie verurteilen. Und genauso werden es auch die Männer von Ninive tun.

> Im Gericht werden auch die Männer von Ninive auftreten und diese Generation schuldig sprechen. Denn **sie haben ihre Einstellung auf Jonas Predigt hin geändert – und hier steht einer, der mehr bedeutet als Jona.** (Lk 11,32)

Die Größe und Einzigartigkeit von Jesus Christus ist nicht zu überbieten. Dass auch heute so viele Menschen nicht an Jesus glauben und dass selbst viele Theologen (!) seine Aussagen nicht ernst nehmen oder umdeuten, ist eine tiefe Tragik. Denn auch das, was Jesus über das Zeichen des Propheten Jona sagte, hat Konsequenzen für das Endgericht.

Fazit: Jona war eine historische Person.
Das bezeugt sowohl das Buch Jona selbst als auch die Notiz in 2. Könige 14,25. Aber vor allem bezeugt es mit aller Klarheit Jesus Christus selbst.

KAPITEL 4

Außerbiblische Argumente für die Historizität biblischer Personen

Dass die Bibel selber keinen Zweifel an der Wirklichkeit der handelnden Personen lässt, ist im letzten Kapitel deutlich geworden. Wer die Bibel liest, kann aufgrund der dort vorhandenen Informationen nicht darauf kommen, dass Adam, Noah, Mose, Jona oder Hiob nur Kopfgeburten findiger Geschichtenerfinder sind. Die Personen werden als Menschen aus Fleisch und Blut, mit Eltern und Fußabdrücken auf dieser Erde geschildert. Natürlich kennen wir nur einen kleinen Ausschnitt aus ihrem Leben, und wir kennen ihr Leben nur aus der biblischen Literatur, aber das macht sie nicht zu rein literarischen Personen.

Wenn wir in diesem Kapitel danach fragen, welche Argumente von außerhalb der Bibel für ihre historische Wirklichkeit sprechen, dann können und sollen sich diese Argumente den biblischen nur an die Seite stellen. Sie sind den biblischen untergeordnet, weil wir es in der Bibel mit dem Wort Gottes zu tun haben, mit Gottes Wahrheit, unfehlbar und ohne Irrtum. Der Blick in die lang zurückliegende Geschichte kann ansonsten nur Wahrscheinlichkeitsaussagen zu Tage bringen. Wie wir sahen, beruhen die Anfragen an die Historizität der Personen jedoch auf Theorien und Indizien, die relativ schwach sind. Wenn man bedenkt, dass diese Argumente die stärksten Geschütze sind, die gegen ihre geschichtliche Wirklichkeit in Stellung gebracht werden, dann ist das an sich schon ein Argument für das Gegenteil. Obwohl so viele kluge Köpfe über mehr als 150 Jahre daran gearbeitet haben, ist ihnen ein Nachweis ihrer Thesen nicht gelungen. Ihre Argumente wirken nur dann stark, wenn sie geballt vorgetragen werden und nicht eins nach dem anderen hinterfragt. Nur dann scheinen sie eine kumulative Beweiskraft zu haben.

Wir wollen hier kein alternatives Gebäude errichten. Darum soll klar bleiben, dass alle im folgenden genannten Argumente unterschiedlich stark sind. Keines kann und will die Existenz einer historischen Person absolut beweisen. Wie schwierig das wäre, kann einem schon klar werden, wenn man versuchte, die Existenz des eigenen Ur-Urgroßvaters zu beweisen. Es steht außer Frage, dass es ihn gegeben haben muss. Aber seine Person und Lebensgeschichte mögen im Dunkeln bleiben. Alle Zeugenaussagen könnten angezweifelt werden. Eventuell vorhandene Fotos könnten auch beliebige andere Personen zeigen oder geschickt gefälscht sein. Geschichten aus der Familientradition mögen eine Person verherrlichen oder verteufeln, die es so nie gegeben hat. Schon dabei wird man alles, was man an Material vorfindet, gewichten müssen, um zur wahren Person vorzustoßen. Weil aber die Bibel und das in ihr Berichtete mit der menschlichen Wirklichkeit fest verbunden ist und Gottes Handeln mit konkreten Menschen in der allgemeinen Weltgeschichte stattgefunden hat, darum darf und soll im Zusammenhang mit der Historizität biblischer Personen auch nach der Verbindung zur allgemein bekannten Weltgeschichte gefragt werden.

1. Lokalkolorit und zeitgeschichtliche Details

Die Kritik an den in Frage stehenden biblischen Personen hat als eine der stärksten Säulen für ihre Position wiederholt darauf verwiesen, dass die Geschichten über die Personen erst 500 Jahre und mehr nach ihrer Lebenszeit aufgeschrieben worden seien. Wenn das stimmt, wäre es nicht verwunderlich, wenn es bei der Beschreibung der Person oder ihrer Erlebnisse zeitgeschichtliche Brüche gäbe. Das ist auch immer mal wieder behauptet worden, aber interessanterweise hat sich bei näherem Hinsehen dann das Gegenteil als wahr herausgestellt. Es wäre den Autoren der Bibel sicher nicht schwer gefallen, die Geschichte von Jona oder Hiob so allgemein zu erzählen, dass konkrete Orte oder Gegebenheiten darin nicht vorkommen. Rotkäppchen kann ja in jedem dunklen

Wald dem bösen Wolf begegnet sein. Auch die Mosegeschichte hätte, wenn schon nicht ganz ohne, so doch mit deutlich weniger Details aufgeschrieben werden können. So hätte man vermieden, sich über bestimmte Umstände zu irren. Gerade wenn es nur um allgemeine Glaubensaussagen gegangen wäre und historische Angaben höchstens als Beiwerk gedacht waren, dann wäre ein Autor auf der sicheren Seite, wenn er allgemein statt konkret schildert. Andernfalls müsste er die Sache genau recherchieren.

Ein passionierter Segler und Ausbilder auf diesem Gebiet wurde von einem Verlag gebeten, einen Roman, der zu großen Teilen in der alten Seefahrt spielt, auf die fachlichen Details zu prüfen. Er fand zahlreiche Fehler, sei es, dass die Seemannssprache falsch verwendet wurde, sei es, dass Aufbauten auf Schiffen oder die Funktion von Segeln verwechselt wurden. Ein Autor muss genau Bescheid wissen, wenn der Leser, der sich auskennt, nicht gleich ins Stolpern geraten soll. Und die biblischen Autoren hatten nicht die Möglichkeit, mal eben in einem Lexikon nachzuschauen oder im Internet zu googlen. Wer heute eine Biografie über Jack the Ripper erfinden wollte, der nimmt vielleicht (fälschlicherweise) an, dass es noch kein elektrisches Licht im London der 1890er-Jahre gab. Aber gab es auf den dunklen Straßen Straßenbeleuchtung und wenn ja, welche? Und hatte man im Haus üblicherweise Petroleum-, Öl- oder Gaslampen oder nur Kerzen?

Im Zusammenhang mit den biblischen Personen sind wir durch den Fund und die Entzifferung vieler antiker orientalischer Schriftstücke in der Lage, die biblischen Angaben mit Gegebenheiten der jeweiligen Zeit zu vergleichen, und können darauf schließen, wie gut das zusammenpasst. Und dabei stellt sich heraus, dass die biblischen Schilderungen von hoher Qualität und Realitätstreue sind.

Mose in seiner Zeit

Aus ägyptischen Wandmalereien wissen wir nicht nur, dass in Ägypten im 15. Jahrhundert v. Chr. tatsächlich in großem Stil

Ziegel hergestellt wurden, sondern auch, dass daran nicht-ägyptische Sklaven beschäftigt waren. Tatsächlich wurden, wie die Bibel berichtet, Vorratsstädte in Pitom und Ramses gebaut, auch wenn es über die genaue Datierung unterschiedliche Auffassungen gibt. Neuere Vorschläge zur Rekonstruktion und Harmonisierung mit unserer Zeitrechnung führen aber dazu, dass die ägyptische Chronologie erstaunlich genau mit der biblischen zusammenstimmt. Auf die umfangreiche Diskussion über die Datierung der Ereignisse und der gesamten ägyptischen Chronologie können wir hier nicht eingehen, aber die biblischen Angaben lassen sich so oder so gut damit in Einklang bringen.

Alte Papyrusfunde aus dem 13. Jahrhundert v. Chr. zeigen, dass es über lange Zeit eine strenge Arbeitspflicht gab und große Unterdrückung. Es gibt Berichte von Fluchtversuchen einzelner Gruppen von Arbeitern in die Wüste und von Verfolgungsjagden durch die Truppen des Pharao. Trotz des kreativen Umgangs mit der Namensgebung in Israel hat Mose einen eindeutig ägyptischen Namen, obwohl er jüdische Eltern hatte. Ein Bericht über einen semitischen Finanzbeamten des ägyptischen Pharaos im 12. Jahrhundert lässt die knappe Erzählung von den ersten 40 Jahren im Leben des Mose im Haus des Pharaos durchaus nachvollziehbar erscheinen. Er empfängt seinen Namen dort und erhält eine Ausbildung und nimmt eine Stellung am Herrscherhof ein. Es erscheint nicht sinnvoll, diesen Beamten als Mose zu identifizieren, aber er zeigt, dass Moses Karriere am Hof des Pharao keineswegs unmöglich war.

Ägyptische Inschriften legen nahe, dass es im 14. und 13. Jahrhundert südlich des Toten Meeres wandernde Hirten gab, die eine Jahwe-Religion hatten. Vielleicht sind damit Israeliten gemeint, vielleicht kann man das auch als Spur des Aufenthalts von Mose bei Jethro deuten. Die gesamte Mosegeschichte erweist sich als passend für die Zeit und Umstände des sogenannten Neuen Reiches ab ca. 1550 v. Chr., soweit wir sie heute aus außerbiblischen Quellen erschließen können. Sollte jemand die Person des Mose erst um 500 v. Chr. literarisch konstruiert haben, dann müsste er die Geschichte Ägyptens außergewöhnlich gut gekannt haben. Viel wahrscheinlicher ist aber, dass ein glaubwürdiger Bericht über die tatsächlichen Gegebenheiten in der Bibel aufgeschrieben wurde.

Hiob als Kind seiner Zeit

Auch die Geschichte von Hiob zeichnet sich dadurch aus, dass sie den Leser in die Zeit der Patriarchen Israels im 20. bis 19. Jahrhundert v. Chr. mitnimmt, aber einzelne Personen des Buches offenbar Nicht-Israeliten sind. Es wäre sehr erstaunlich, wenn sie erst 1500 Jahre später einem klugen jüdischen Autor aus der Feder geflossen wären. Umso erstaunlicher wäre das, weil die Sprache des Buches viele Eigenheiten besitzt, die es in der Bibel einzigartig macht. Über die Gründe ist viel spekuliert worden: Hat ein Nichtisraelit (oder mindestens jemand, der mit mehreren Sprachen aufgewachsen ist) vieles formuliert? Oder ist das Buch ein Zeugnis eines älteren Hebräisch, das viele Wörter und einen Stil enthält, die in späterer Zeit nicht mehr benutzt wurden? Beides würde sehr gut zum Inhalt der Rahmenerzählung passen, die Hiob in einem Land Uz, am Rand Israels, sieht.

Der Name Hiob findet sich in altorientalischer Literatur aus der Zeit vor dem 14. Jahrhundert v. Chr. von Ägypten bis Babylon. Die Namen der Freunde deuten vielleicht auf das Ostjordanland. Besonders interessant ist die Charakterisierung des Reichtums Hiobs durch seinen großen Besitz an Vieh und die vielen Angehörigen seines Hauses und seiner Sippe. Das ist typisch für den Zeitraum vor der Königszeit Israels und damit lange vor der Zeit der babylonischen Gefangenschaft.

Es ist immer wieder darauf aufmerksam gemacht worden, dass Kamelbesitz in Israel nicht üblich war und das Kamel als Haustier sogar erst im 8. Jahrhundert oder später in Israel eingeführt wurde. Als kultisch unreines Tier war es aber dort nicht weit verbreitet. Gerade das passt zur gesamten Verortung der Geschichte, denn in alter Zeit waren Kamele im Umfeld Israels offenbar sehr wohl domestiziert. Sichere Zeugnisse, die bis ins 3. Jahrtausend v. Chr. zurückweisen, belegen das. Sie dienten als Fleischlieferanten oder wurden wegen ihrer Milch und der Wolle gehalten. Da das Kamel den Israeliten unrein war, durften sie sein Fleisch nicht essen. Es erscheint schwer vorstellbar, dass ein Schreiber einer israelitischen Priesterschule im 6. Jahrhundert in der babylonischen Gefangenschaft eine Hiobfigur erfindet, die aus dem Munde Gottes als besonders fromm und gottesfürchtig bezeichnet wird und dann tausende von (unreinen) Kamelen hält. Ein Hiob in der Zeit Abrahams, der das beschriebene Schicksal erlitten hat, und dessen Erleben im Hiobbuch verarbeitet wird, ist aber sofort einsichtig und naheliegend.

Jona passt nur in seine Zeit

Werfen wir in dieser Hinsicht auch noch einen Blick auf den Propheten Jona. Nach den biblischen Angaben erreichte er irgendwann während der Herrschaft des nordisraelitischen Königs Jerobeam II., also in einem Zeitfenster zwischen 790 und 755 v. Chr., die Stadt Ninive im Herrschaftsgebiet der Assyrer. Er predigte dort widerwillig die Strafe Gottes für das rechtlose Leben der Stadtbewohner, die daraufhin ihr Leben radikal änderten.

Wie eine genauere Betrachtung der assyrischen Geschichte und der Stadt Ninive zeigt, ist eben dieses Zeitfenster und die zu dieser Zeit herrschenden Umstände die beinahe einzige geschichtliche Möglichkeit für die beschriebenen Ereignisse. Zu dieser Zeit war die bedeutende und damals schon Jahrtausende alte Stadt Ninive noch nicht die Hauptstadt Assyriens. Das wurde sie erst 705 v. Chr., aber sie war andererseits außergewöhnlich groß und leistungsfähig. Das wissen wir durch eine berühmte Stele, die die Schlacht von Qarqar dokumentiert, bei der 853 v. Chr. auch König Ahab mit Streitwagen und Soldaten auf der Seite der Gegner Assurs beteiligt war. Damals zog das assyrische Heer mit rund 100 000 Soldaten von Ninive los, wo es gelagert hatte und auch versorgt wurde. Das ist nur bei einem Gemeinwesen in einer Größe denkbar, die das Buch Jona andeutet. Zur Zeit Jonas steht aber Ninive offenbar noch nicht als Sinnbild für das feindliche und böse Reich der Assyrer, wie es die späteren Propheten Nahum und Zephanja sehen.

Zwar war das assyrische Reich schon seit 880 v. Chr. durch viele brutale Feldzüge zu Größe und Stärke aufgekommen, aber es erlebte vor dem Amtsantritt von Tiglatpileser III. (745-726 v. Chr.) eine rund 80 Jahre währende Schwächeperiode. Das Land wurde von Seuchen und Katastrophen heimgesucht, es kämpfte mit politischen Unruhen und wurde im Norden ständig durch das feindliche Reich Urartu bedroht. Erst Tiglatpileser, der vermutlich als Ergebnis von Aufständen 746 v. Chr. vom Provinzgouverneur zum König aufstieg, konnte das Land durch geschickte Politik und Feldzüge nach innen und außen zu neuer Stärke führen. Aber in der Zeit der Schwäche und Verunsicherung davor hörte der König von Ninive, der eben nicht König von ganz Assyrien war, sondern auch ein Provinzgouverneur, die Botschaft vom drohenden Untergang der Stadt. Die staatlich verordnete Buße in Sack und Asche, die er ausrief, findet sich öfter in der Geschichte Assyriens als Reaktion auf Katastrophen oder drohende Unglücke.

So passen die Daten des Jonabuches genau in die historischen Rahmendaten der Geschichte Assyriens. Sie passen längst nicht so gut in die Zeit des Wiedererstarkens ab 730 v. Chr. und noch weniger in die Zeit ab 705, als Ninive Hauptstadt Assyriens und Regierungssitz des Landesherrschers wurde. Sie sind nach dem Fall Ninives 612 v. Chr. und seiner Zerstörung durch die Babylonier gar nicht mehr denkbar. Die biblischen Daten passen also so gut zur Historie, dass ein angeblicher Autor 300, 400 oder gar 500 Jahre später über ein sehr genaues Wissen verfügt haben müsste. Er müsste dann die Geschichte in einer Weise konstruiert haben, die angesichts der späteren Ereignisse geradezu grotesk erscheinen musste, um damit eine Botschaft zu verbinden, die er viel einfacher hätte plausibel machen können. Alles das spricht stark dafür, dass das Jonabuch auf ein historisches Ereignis mit einem historischen Jona aus Fleisch und Blut zurückgeht.

Zu diesen Beispielen könnten weitere angefügt werden. Denn im Laufe der Zeit hat sich immer wieder bestätigt, dass die Bibel die historischen Zusammenhänge treffend wiedergibt, auch wenn es einzelne Widersprüche zwischen assyrischen oder babylonischen Quellen und der Bibel gibt. Aber gerade die erwähnte Stele über die Schlacht von Qarqar 853 v. Chr. zeigt, dass eben die Assyrer gern kreativ mit der Geschichtsschreibung umgingen. Auf der Steinsäule, die wahrscheinlich ursprünglich an einer großen Straße aufgestellt war, preisen sich die Assyrer als Sieger der Schlacht, obwohl sie tatsächlich von der feindlichen Allianz aus syrischen, israelitischen, ägyptischen und anderen Soldaten gestoppt und zurückgeschlagen wurden. Das führt uns zu einem weiteren Aspekt, der für die Historizität der biblischen Personen spricht: Sie begegnen dem Leser – anders als in den Geschichten der Umwelt Israels – nämlich nicht als strahlende Helden.

2. Keine Heldengeschichten

Die altorientalische Geschichtsschreibung weist einige Züge auf, die im Vergleich die völlige Andersartigkeit der Geschichtsschreibung Israels deutlich werden lässt. Gerade wenn es um die handelnden Personen geht, wird das sehr deutlich. Ob in Ägypten, Assur oder Babel – fast immer geht es den dortigen Historikern darum, die menschlichen Könige als herausragend, sieg- und erfolgreich darzustellen. Gerade den Herrschern lag daran, ihre direkte Abstammung von einem der Götter zu belegen. Sie regierten so mit göttlicher Legitimation. Wer ihnen widerstand, richtete sich also gegen die Götterwelt.

Wie anders stehen dagegen die Helden der Bibel da. Adam wirkt in der Sündenfallgeschichte fast ein wenig wie ein Trottel, der sich gedanken- und wehrlos von seiner Frau auf den falschen Weg locken lässt. Plump wirkt dann sein Abschieben der Schuld auf seine Frau. Noah erscheint ebenso wenig als Held. Er zeigt sich in allem von Gottes gnädigem Handeln abhängig. Und als er aus dem rettenden Schiff gestiegen ist, erlebt er nach der ersten Weinernte gleich den totalen Kontrollverlust. Abraham ist zwar der Stammvater des Volkes Israel, aber er setzt, indem er seine Frau verleugnet, gleich zweimal die von Gott versprochene Nachkommenschaft eines Sohnes mit dieser Frau aufs Spiel. Mose begegnet uns nicht anders. Mal ist er ein zorniger Kämpfer für sein Volk, dann will er von Führerschaft nichts mehr wissen. Obwohl er Freund Gottes ist, bleibt er immer der schwache Mensch, dessen Erfolge und Niederlagen sich abzuwechseln scheinen. Am Ende darf er das versprochene Land nur aus der Ferne sehen, und muss sterben, ohne es betreten zu haben. Jona könnte als überaus erfolgreicher Missionar für seinen Gott Jahwe dargestellt werden. Wo immer er den Mund auftut, und sei es noch so ungeschickt, wenden sich die Menschen Jahwe zu. Aber er ist vielmehr störrisch und widerwillig und verachtet „seine Erfolge“ geradezu.

Dem Zug zur Glorifizierung widerstanden

Die biblischen Personen sind weder als Helden noch als Antihelden geschildert. Die Geschichten von ihnen wirken inhaltlich, trotz ihrer teilweise kunstvollen Sprache, nicht „gebürstet“. Sie spiegeln, obwohl sie es an Länge mit keiner modernen Biografie aufnehmen können, den ganz normalen Zwiespalt eines ganz normalen Lebens wider. Obwohl Noah, Mose oder Jona kein Allerweltsleben geführt haben, bleiben sie zumeist Menschen, die nicht weit von Allerweltsmenschen entfernt sind. Was sie besonders macht, ist ihnen auf behutsame Weise durch Gottes Rufen, Handeln und Lenken geschenkt worden. Damit erfüllen sie eben nicht das Bedürfnis der Menschen nach den wahren Helden.

Im September 2016 wurde eine albanische Nonne in Rom heiliggesprochen, die allgemein unter dem Namen Mutter Teresa bekannt wurde. Schon mit 19 Jahren kam sie 1929 als Nonne nach Indien und wirkte seit den 1950er-Jahren in Kalkutta. Sie richtete Sterbehäuser für Todkranke ein, indem sie sie von der

Straße holte und bis zu deren Tod pflegte. 1979 erhielt sie dafür den Friedensnobelpreis. Sie nahm die indische Staatsbürgerschaft an und wurde nach ihrem Tod 1997 in Indien mit einem Staatsbegräbnis beigesetzt. Der von ihr geleitete Nonnenorden ist inzwischen auf der ganzen Welt unter dem Namen „Missionarinnen der Nächstenliebe" tätig. Im allgemeinen Bewusstsein hat sich ein Bild von ihr eingeprägt, das eine unermüdliche Frau zeigt, die sich aus reiner, aus tiefem Glauben kommenden Nächstenliebe und völlig selbstlos um zahllose todgeweihte Menschen kümmerte, die auf indischen Straßen dahinvegetierten, während die Inder achtlos an ihnen vorübergingen. Biografien, die dieses Bild unterstreichen, wurden zahlreich geschrieben und der Name „Mutter Teresa" wurde sprichwörtlich.

Zwar hat Mutter Teresa selbst diese Vorstellung zeitlebens gefördert, aber es gab genug Anzeichen, dass das nicht die wahre Mutter Teresa ist. Mitte der 1980er-Jahre erzählte ein Freund von seinem Besuch bei ihr und äußerte sein Erschrecken darüber, dass sie sich im hinduistisch bestimmten Indien wie eine Göttin verehren ließ. Ärzte und Krankenschwestern, die als freiwillige Helfer im Sterbehaus dienen wollten, wunderten sich, dass die Kranken trotz der reichlich vorhandenen Spendengelder nicht nach allgemeinen Hygienebedingungen und mit geeigneten Medikamenten gepflegt werden durften. Als nach ihrem Tod ihre persönlichen Aufzeichnungen bekannt wurden, zeigte sich, dass Mutter Teresa stark an Gott zweifelte und eine unbiblische Leidenstheologie entwickelt hatte, die behauptete, dass man Gott und Jesus im Leiden und bei den Leidenden findet. Schmerzen seien „Küsse Jesu". Sie handelte höchstens zum Teil aus Nächstenliebe und auch nicht selbstlos: Ihr Handeln war ihr der Weg, um Gott zu finden und von ihren quälenden Zweifeln befreit zu werden. Sie wollte auf diesem Weg zur verehrten katholischen Heiligen werden. Den Sterbenden wollten sie und ihre Mitnonnen nicht zu viel Linderung verschaffen, weil sie das von Jesus entfernt hätte. Als sie selbst an Krebs erkrankte, hat sie sich allerdings in westlichen Krankenhäusern nach modernsten Therapiestandards behandeln lassen.

Es geht hier nicht darum, über Glauben, Leben und Werk von Mutter Teresa zu urteilen. Es gibt zweifellos vieles nach biblischen Maßstäben Positive in ihrem Handeln. Sie hat tatsächlich über viele Jahre hoffnungslosen Menschen beigestanden und sich Verachteter angenommen. Sie trat nicht nur in ihrer Nobelpreisrede mutig gegen Abtreibung ein. Wir können aber auch an diesem modernen Vergleich feststellen, dass sich die biblischen Personen, so wie von ihnen berichtet wird, gegen jede Verherrlichung und dem Zug zum Heldentum sperren. Sie eignen sich nicht zum Heiligenbildchen mit einer frommen Legende. Sie sind in dieser Hinsicht nicht vorbildlich. Es wäre völlig unerklärlich, wie sich die biblischen Personen dem Zug zur Vereinseitigung widersetzt hätten, wenn sie als literarische Gestalten das Licht der Welt erblickt hätten und dann auch noch über Jahrhunderte an ihnen geschliffen worden wäre. Jedes angebliche Heldentum aber lässt sich mit historischen Fakten ins rechte Licht rücken. Die biblische Geschichtsschreibung hat aber von vornherein einen anderen Charakter, der deutlich dafür spricht, dass wir es mit historischen Ereignissen und Personen zu tun haben.

3. Am besten historisch

In der Geschichte des Denkens und der Theoriebildung gibt es ein wichtiges Instrument, das den Namen „Ockhams Rasiermesser" trägt. William von Ockham lebte von 1288 bis 1347 n. Chr. und hat als Theologe und Philosoph auch erkenntnistheoretische Prinzipien formuliert. Der Begriff stammt zwar nicht von ihm, aber er hat einem erkenntnistheoretischen Werkzeug doch zurecht seinen Namen geliehen, und es ist bis heute ein nützliches Hilfsmittel neben anderen. Er schrieb: „Nichts darf man ohne eigene Begründung annehmen, es sei denn, es sei evident oder aufgrund von Erfahrung gewusst oder durch die Autorität der Heiligen Schrift gesichert" (Sentenzen d 30, q 1). Das Prinzip Ockhams heißt deswegen auch Sparsamkeitsprinzip, obwohl es ihm in erster Linie darum ging, dass man nicht versucht, ein und dieselbe Sache durch zahlreiche Erklärungen und inflationäre Begriffsbildung zu erklären, sondern – wenn nichts anderes dagegen spricht – erst einmal bei der einfachsten These bleibt. Einfach heißt in diesem Fall, dass eine möglichst geringe Anzahl an Variablen und Zusatzannahmen eine Theorie prägen sollte. Diese sollten auch in einem klaren logischen Zusammenhang stehen. Dabei plädierte Ockham keineswegs für primitive Erklärungen, auch erkannte er an, dass Gott in seiner Schöpfung mit Reichtum und Überfluss zu Wege gegangen ist und viele Dinge tatsächlich komplex sind. Nur sollte das nicht noch mit einer Vielzahl an komplizierten Annahmen mit zahlreichen Wenns und Abers und immer neu geschaffenen Begriffen vervielfacht werden, wenn es nicht zwingend notwendig ist. Es dürfte klar geworden sein, dass Ockhams Rasiermesser bei denen, die gegen die Historizität biblischer Personen argumentieren, zu selten zum Einsatz kam. Setzen wir es an, dann wird schnell deutlich, dass die historische Wirklichkeit aller angezweifelten Personen die beste und naheliegendste Annahme für das ist, was wir in der Bibel lesen.

Nüchtern betrachtet: Noah ist historisch

Wendet man Ockhams Prinzip nun auf die Tatsache an, dass sich rund um die Welt in zahlreichen Kulturen Geschichten finden, die von einer großen oder weltweiten Flut berichten und von einer Person, die mit ihrer Familie gerettet wurde, dann ist die beste und naheliegendste Erklärung dafür, dass es eine solche Flut und eine entsprechende Rettungsaktion tatsächlich einmal in alter Zeit gegeben haben muss. Das prägende Ereignis wäre dann in den zahlreichen und sehr verschiedenen Geschichten im Gedächtnis des jeweiligen Volkes und seiner Kultur geblieben.

Die weltweiten Flutgeschichten variieren zwar, aber es finden sich einige Konstanten. So ist die Flutgeschichte meist mit dem Anfang der Welt oder dem Anfang der jeweiligen Kultur verbunden.

Die Flut geschieht in alter Zeit. Sie ist von einem Gott oder Göttern ausgelöst, dient der Strafe oder der Bewährung von Menschen. Die Rettung geschieht auf einem trockenen Stück Land, zu dem ein Gott führt oder durch ein Schiff, Boot oder Kanu. Im alten China ist die Geschichte einer über viele Jahre währenden Flut mit dem Kampf von einem der Ur-Kaiser verbunden, der das Wasser durch Dämme bändigen will und sich am Ende selber opfert, um die Flut zu stoppen. In einem anderen chinesischen Volk überlebt ein verwaistes Geschwisterpaar in einem Kürbis die Flut, weil es von einem Gott gewarnt wird. Die Flut ist so hoch, dass sie sogar an den Himmel stößt. Als die beiden Vögel hören, sollen sie den Kürbis verlassen und finden sich auf einem hohen Berg wieder. Alle Menschen sind tot, aber aus ihren zwölf Nachkommen entstehen alle Völker. In Indien ist es der Vishnu-Gott in Fischgestalt, der den Menschen Manu warnt und beauftragt, sich selbst und Samenkörner – in einer Variation auch Tiere – in einem Boot zu retten. In Malaysia retten sich zwei Menschen auf einen Baum, der auf einem Berg steht, und beten ein Mantra, um gerettet zu werden. Auch bei den Quetchua-Indianern in Südamerika ist es eine Bergspitze, auf die sich ein Mensch und die Tiere retten können, nachdem ein Lama anfing zu sprechen und vor der Flut gewarnt hat. In einem Stamm auf Papua sind es Bissa und Beissa, die sich nach der Verwirrung der Sprachen in einem Kanu vor einer Flut retten und dabei auch Tiere aufnehmen, bis sie auf einem trockenen Stück Land ankommen.

Wenn wir festhalten, dass mindestens die meisten der zahlreichen Flutgeschichten auf eine tatsächlich historisch geschehene extreme Flut zurückgehen müssen, dann fragt sich natürlich, warum ausgerechnet die biblische Geschichte von Noah und der Arche die Ereignisse historisch treffend wiedergeben sollte, während die anderen Geschichten durch die Jahrhunderte religiös und sachlich verfremdet sein müssten. Nun ist es gerade das Kriterium „historisch", das bei der Entscheidung hilft. Hätten wir es nur mit einem Menschheitsmythos zu tun, der etwa aus einer angeborenen oder archaischen Furcht vor Wassermassen geboren wäre, dann wäre eine Unterscheidung weder möglich noch sinnvoll. Wenn jedoch ein Ereignis in Raum und Zeit mit Menschen aus Fleisch und Blut die Grundlage ist, dann können wir zahlreiche Geschichten ausscheiden. Das sind etwa alle, die nicht nach dem Schicksal der nicht schwimmenden Tiere fragen. Das sind insbesondere auch diejenigen, die Boote oder Schiffe als Arche anbieten, in denen man keine Flut lange überleben könnte. Sicher kann man vor einer Flut auch auf einen hohen Berg fliehen, aber überleben kann man dort auch nicht, weil dort nichts wächst, was während der Überflutung als Nahrung dienen kann.

Biblischer Noah passt in die Realität

Überprüft man in dieser Hinsicht nun die biblische Geschichte, dann stellt man überraschend fest, dass sowohl der zeitliche Ablauf der Überflutung und des anschließenden Rückgangs des Wassers plausibel ist, die lange Bauzeit der Arche, das Überleben mit Tieren und Nahrungsmitteln auf einem Schiff. Gerade die altorientalischen Geschichten mit Schiffen in den Abmessungen der Tempel wären von der Größe zwar brauchbar, aber weder in sieben Tagen zu erbauen, noch könnte ein Mensch darin auf dem Wasser überleben. Ein würfelförmiges Schiff kann nicht stabil schwimmen und müssten bei sechsstöckiger Beladung und selbst bei leichtem Wellengang durch das Wasser würfeln. Nur die biblische Arche hat Proportionen wie moderne Hochseeschiffe. Sie ähnelt Öltankern, wie sie heute große Mengen an Rohöl über die Weltmeere transportieren. Nachbauten erweisen sich als praktisch brauchbar.

Nur eine erst 2009 komplett entzifferte Variante des Gilgamesch-Epos, in der der Erbauer Athrahasis heißt, beschreibt ebenfalls ein schwimmfähiges Schiff aus Holzbalken mit einer äußeren Schilfhülle, das auch in verkleinertem Maßstab nachgebaut werden konnte. Es hat die Form eines Korbes und ist nach kurzer Fahrt auf dem Wasser untergegangen. Die Nachbauer sind sich aber sicher, dass sie bei Abdichtung mit originalem Erdpech aus Babylon ein seefähiges Schiff hätten bauen können. Wer allerdings einmal selbst auf dem Meer unterwegs war, kann sich vielleicht ausmalen, wie übel es Mensch und Tier in einem schwimmenden Korb bei starkem Wellengang ergangen wäre.

Bei der biblischen Arche sprechen noch andere Betrachtungen für ihre Historizität. Versucht man, ein stabiles, schwimmfähiges Schiff zu bauen, dabei aber auch möglichst wenig Material und damit auch Arbeitskraft einzusetzen, dann sind die biblischen Proportionen ideal. Sie sind auch für die Schwimmstabilität eines Schiffes von Bedeutung, denn es wäre schwer möglich, längere Zeit auf einem Schiff mit starker Schlagseite zu leben oder bei jeder Wasserbewegung hin und her geworfen zu werden. Auch in dieser Hinsicht ist die Arche vorbildlich. Sicher wirft der biblische Bericht viele weitere Fragen auf, die nur dann von Belang sind, wenn man von einem historischen Datum ausgeht. Wie viele Tierarten konnten auf solch einer Arche überleben und versorgt werden? Wie überlebten die anderen? Wie wurde die Arche belüftet und der Kot entsorgt? Usw. Es gibt plausible Antwortmöglichkeiten auf alle diese Fragen, auch wenn man natürlich nicht sicher sein kann, dass es genauso gewesen ist.

Für unsere Betrachtung ist aber wichtig, dass wir an die Geschichte der Bibel durchaus Fragen stellen können und Antworten erwarten, wie sie bei einer historischen Betrachtungsweise notwendig sind. Viele Fragen lassen sich auch mit den biblischen Angaben befriedigend beantworten. Eine Geschichte ohne historischen Hintergrund mit erfundenen Personen braucht darauf keine Rücksicht zu nehmen. In modernen Actionfilmen stehen die Helden nach Stürzen, die kein menschlicher Körper überleben könnte, mit einer kleinen Schramme wieder auf. Sie besiegen die Schurken selbst noch mit Verletzungen, die normalerweise wochenlange Krankenhausaufenthalte nötig machen würden. Der Zuschauer lässt sich das alles gefallen, weil er weiß, dass es sich um Fiktion handelt. Der Bibelleser darf historisch denken und normale Maßstäbe anlegen. Wenn Gott im Einzelfall ein besonderes Wunder tut, dann wird das dem Leser mitgeteilt.

Wer also nach dem Prinzip von Ockhams Rasiermesser den Befund in Sachen Noah genauer betrachtet, der wird dazu geführt, dass nach dem derzeitigen Wissensstand diese biblische Geschichte und ihre Hauptperson historisch gedeutet werden müssen.

4. Mehr als 50 biblische Personen außerbiblisch bestätigt

Für die besonders in Frage stehenden biblischen Personen Adam, Noah, Hiob, Mose oder Jona haben wir keine gesicherten außerbiblischen Belege. Allerdings werden im Alten Testament noch Hunderte von anderen Personen erwähnt, die wie die genannten als historische Personen geschildert sind. Auch viele von diesen wurden schon als literarische Figuren mit höchstens einem historischen Kern angesehen. Dazu gehörte (und gehört bis jetzt) für manche auch König David. Eine solche Heldengestalt könne gar nicht historisch sein. Ab Mitte der 1990er-Jahre aber wurden gleich drei Inschriften entziffert, die David als einen König um 1000 v. Chr. bezeugen. Auf der Stele von Tel Dan, die aus einer Zeit um ca. 900 v. Chr. stammt, wird auf Aramäisch ein Sieg über das Haus Davids gerühmt. Es gab offenbar einen König David, der auch 100 Jahre nach seiner Regierung Nachkommen hinterlassen hat, die noch nach ihm benannt wurden. Er muss also eine Berühmtheit gewesen sein. Das Haus David wird auch auf der Mesha-Inschrift erwähnt, und eine ägyptische Inschrift, die ins 10. Jahrhundert datiert werden kann, spricht von „Höhen Davids", die zu einer Region im Negev gehört haben müssen.

Wenn man nur die archäologischen Zeugnisse für biblische Personen nimmt, die sicher in eine zeitliche Nähe zu ihrer Chronologie in der Bibel gebracht werden können, dann lassen sich 50 und mehr biblische Personen belegen. Dabei sind keine schriftlichen Hinweise berücksichtigt, die erst mehrere hundert Jahre nach der Person entstanden sind oder von denen wir nach vielfachem Abschreiben nur jüngere Handschriften besitzen. Hier könnten die Personen, nachdem sie erst literarisch erfunden wurden, auch als literarische Personen eingeflossen sein. Auch wenn das unwahrscheinlich ist, bleiben sie in der Zählung und der untenstehenden Tabellen unberücksichtigt. Dass aber eine nur literarische Figur kurz nach ihrer „Erfindung" als historische Person auf einer offiziellen Königsliste oder in einem Ruhmesbericht über einen Feldzug auftaucht, ist wohl kaum denkbar. Im Übrigen finden sich die archäologischen Belege für die Historizität der Personen auf unterschiedlichen Funden, die an weit auseinanderliegenden Grabungen verschiedener Nachbarn Israels aufgetaucht sind.

Wegen dieser strengen Auswahl lassen wir Zeugnisse über Personen aus dem Umfeld von Mose ungenannt. Das liegt vor allem daran, dass die Grabungen in Israel in Schichten vordringen, die bis zurück in das 9. und 10. Jahrhundert datiert werden können. Ältere Funde stammen fast nur aus den Nachbarstaaten Israels. Beschränken wir uns auf gesicherte Zeugnisse, dann gibt es eine Reihe von biblischen Personen aus der Zeit und dem Umfeld von Jona, also im 9. bis 7. Jahrhundert v. Chr., für die archäologische Beweise vorliegen. König Jerobeam II., der ungefähr von 790–750 v. Chr., also zur Zeit der Wirksamkeit von Jona regierte, wird auch auf einem Siegel erwähnt, das in Meggido gefunden wurde. Auch die Vorgänger und Nachfolger von Jerobeam sind auf archäologischen Funden bezeugt. Dass Ahab (König von 873–852 v. Chr.) als Teilnehmer an der Schlacht von Qarqar auf einer assyrischen Steinsäule verzeichnet wird, wurde bereits erwähnt. König Jehu (ca. 842–815 v. Chr.) wird in assyrischer Geschichtsschreibung genannt, die auf Resten der Stadtmauer Assurs eingemeißelt ist, ebenso wie auf einer Statue. Auf einem schwarzen Obelisken wird er als tributpflichtig gegenüber dem assyrischen Herrscher Salmaneser namentlich bezeichnet. Auch der direkte Vorgänger von Jerobeam, König Joash von Israel, war bei den Assyrern bekannt und wurde in Stein gemeißelt (Stele von Adad Niari). Die Nachfolger Menahem (749–38 v. Chr.) und Pekach (738–732 v. Chr.) hat Tiglatpileser III. in seinen Inschriften verzeichnen lassen. Auch einzelne Könige des Südreiches Juda sind nicht nur in der Bibel, sondern auch außerhalb bezeugt. Die in der Bibel genannten

Herrscher von Damaskus in der Lebenszeit von Jona sind alle durch archäologische Funde bestätigt, seien es nun Hasael, Benhadad oder Rezin, für die es jeweils sogar mehrere Zeugnisse gibt.

Dieser Befund macht mehr als deutlich, dass nicht nur Jona in einer tatsächlichen historischen Umgebung aufgetreten ist. Auch seine in der Bibel erwähnten Zeitgenossen waren ohne Zweifel historische Personen. Aus welchem Grund sollten biblische Autoren eine ausgedachte Figur da hineinkonstruiert haben? Der einzige Grund, der nachvollziehbar wäre, ist die Behauptung, dass der oder die Autoren ihrer ausgedachten literarischen Figur dadurch den Anschein von Historizität verleihen wollten. Wäre das, wie manche behaupten, ganz üblich und allen klar gewesen, wäre es sinnlos. Andernfalls ist es aber nichts anderes als absichtlicher Betrug. Das aber passt offensichtlich nicht zur Bibel und ihrer ganzen Botschaft.

Wir geben im Folgenden eine Übersicht über Personen der Bibel, die durch archäologische Funde zweifelsfrei bezeugt sind. Gerade in den letzten Jahrzehnten sind aber viele bis dahin unsichere Bezeugungen durch neuere Funde bestätigt worden. So hatte man zum Beispiel lange Zeit nur einzelne Siegel aus den königlichen Vorratskammern von Hiskia, die seinen Namen trugen. Da aber die Fundsituation unklar war und sie ohne Nachweis ihrer Herkunft auf dem internationalen Markt für archäologische Artefakte auftauchten, wurde die Echtheit in Frage gestellt. Dann aber fand sich in einer kontrollierten Grabung auch ein kleines Siegel mit nur 13 Millimetern Durchmesser von „Hiskia, dem Sohn des Ahas, König von Juda". Insofern ist keineswegs gesagt, dass die bisher unsicheren Funde völlig unglaubwürdig sind. Archäologen stufen aber zurecht die Zuverlässigkeit in mehrere Stufen ein, denn natürlich gibt es auch Fälschungen, die zum Teil angefertigt wurden, um damit Geld zu verdienen und sie auf dem internationalen Markt anzubieten. Die besten Funde sind immer solche, die in kontrollierten Grabungen von professionellen Archäologen auftauchen und zwar in Schichten, die man einer bestimmten Zeit sicher zuordnen kann. Und davon gibt es viele.

50 durch gesicherte archäologische Funde bestätigte biblische Personen

	Name	Funktion
1	Shihak (=Shoshenq I)	Ägypt. Pharao
2	So (=Osorkon IV)	Ägypt. Pharao
3	Tirhaka (=Taharqa)	Ägypt. Pharao
4	Necho (=Neco II)	Ägypt. Pharao
5	Hophra (=Aries)	Ägypt. Pharao
6	Mesha	Moabitischer König
7	Hadadezer	Syrischer König
8	Benhadad I	Syrischer König
9	Hazael	Syrischer König
10	Benhadad II	Syrischer König
11	Rezin	Syrischer König
12	Omri	König Nordreich
13	Ahab	König Nordreich
14	Jehu	König Nordreich
15	Joash	König Nordreich
16	Jerobeam II	König Nordreich
17	Menahem	König Nordreich
18	Pekach	König Nordreich
19	Hoshea	König Nordreich
20	Sanballat	Gouverneur Persiens
21	David	König Israels
22	Usia (=Azariah)	König Südreich
23	Ahas (=Jehoahaz)	König Südreich
24	Hiskia	König Südreich

Lebens- bzw. Regierungszeit	Bibelstelle (nur eine Nennung)
945–924	1Kö 11,40 u. ö.
730–715	2Kö 17,4
690–664	2Kö 19,9 u. ö.
610–595	2Chr 35,20 u. ö.
589–570	Jer 44,30
Mitte 9. Jahrhdt.	2Kö 3,4-27
vor 844/42	1Kö 11,23 u. ö.
um 844/42	2Kö 6,24
842–ca. 800	1Kö 19,15 u. ö.
ab ca. 800	2Kö 13,3
ca. 760/50–732	2Kö 15,37
884–873	1Kö 16,16
873–852	1Kö 16,28
842/41–815/14	1Kö 19,16
805–790	2Kö 13,9
790–750/49	2Kö 13,13
750–738	2Kö 15,14
738–732/31	2Kö 15,25
732/31–722	2Kö 15,30
Mitte 5. Jahrhdt.	Neh 2,10
1010–970	1Sam 16,13 u. ö.
788/87–736/35	2Kö 14,21
742/41–726	2Kö 15,38
726–697/96	2Kö 16,20

25	Manasse	König Südreich
26	Hilkia	Hoher Priester
27	Schafan	Schreiber
28	Asarja	Hoher Priester
29	Gemarja	königlicher Beamter
30	Jechonja	König Südreich
31	Shelemja	Vater eines königlichen Beamten
32	Jehuchal	königlicher Beamter
33	Paschur	Vater eines königlichen Beamten
34	Gedalja	königlicher Beamter
35	Tiglatpileser III.	assyrischer König
36	Shalmaneser V.	assyrischer König
37	Sargon II.	assyrischer König
38	Sanherib	assyrischer König
39	Adrammelech	Sohn Sanheribs
40	Esar-Haddon	assyrischer König
41	Merodach-Baladan II.	babylonischer König
42	Nebukadnezar II.	babylonischer König
43	Nebusarsechim	babylonischer Beamter
44	Evil-Merodach	babylonischer König
45	Belsazar	babylonischer Koregent
46	Kyros der Große	persischer König
47	Darius der Große	persischer König
48	Xerxes (Ahasveros)	persischer König
49	Artaxerxes	persischer König
50	Darius II.	persischer König

697/96–642/41	2Kö 20,21
zw. 640/39–609	2Kö 22,4
zw. 640/39–609	2Kö 22,3
zw. 640/39–609	1Chr 5,39
zw. 609–598	Jer 36,10
598–597	2Kö 24,6
Ende 7. Jh.	Jer 37,3
zw. 597–586	Jer 37,3
Ende 7. Jh.	Jer 38,1
zw. 597–586	Jer 38,1
744–727	2Kö 15,19
726–722	2Kö 17,3
721–705	Jes 20,1
704–681	2Kö 18,13
Anfang 7. Jh.	2Kö 19,37
680–669	2Kö 19,37
721–710 u. 703	2Kö 20,12
604–582	2Kö 24,1
Anfang 6. Jh.	Jer 39,3
561–560	2Kö 25,27
ca. 543–540	Dan 5,1
559–530	2Chr 36,22
520–486	Es 4,5
486–465	Est 1,1
465–425/24	Es 4,7
425/24–405/4	Neh 12,22

Erinnern wir uns noch einmal daran, dass das gängige Forschungsparadigma für das Alte Testament davon ausgeht, dass erst im babylonischen Exil und danach das Alte Testament in einem langen Prozess entstanden sein soll. Weil damit ein großer zeitlicher Abstand zwischen der Erzählzeit und der erzählten Zeit liegt, seien die Personen vor allem literarische Erfindungen mit einem höchstens historischen Kern. Mehr als die Hälfte der aufgeführten Personen und ihre archäologische Bestätigung liegt aber weit vor der babylonischen Wegführung. Außerdem bestätigen die Funde, wenn sie auch keine ausführlichen Geschichten erzählen, doch genau die Angaben, die auch die Bibel macht. Auch dieser Befund spricht also eindeutig gegen die Behauptung, biblische Personen seien nur erbauliche Erfindungen, und ist ein Argument für die historische Wahrheit auch der (noch) nicht archäologisch bestätigten Personen.

KAPITEL 5

Wer die Geschichte verliert, verliert auch Christus

Während einer Tagung formulierte der freundliche Professor: „Die Schöpfungsgeschichte ist durch und durch wahr – aber nicht im historischen Sinn.“ Keine Frage, er wollte seine Zuhörer gewinnen. Aber gleichzeitig vermittelte er ihnen eine andere Art von Wahrheit. Es ist eine Wahrheit, die sich nicht an Geschehnissen orientiert, sondern an schönen Geschichten.

Immer wieder hören wir Argumente dieser Art: „Es ist doch egal, ob Adam wirklich gelebt hat. Das ändert ja nichts an meiner Erlösung durch Jesus Christus.“ Andere argumentieren etwas vorsichtiger: „Solange wir die Bedeutung des Sündenfalls akzeptieren, der im inspirierten Wort Gottes in Form eines Mythos ausgedrückt wird, ist doch alles in Ordnung.“ Müssen wir den Glauben von Christen tatsächlich in Frage stellen, wenn sie Adam in nichthistorischer Weise zu erklären suchen? Weshalb soll ein historischer Adam so wichtig sein? Es kommt doch hauptsächlich auf Christus an – oder?

1. Mythos, Erzählung, Parabel, Gedicht?

Viele Theologen weigern sich längst, von einem Schöpfungsbericht zu sprechen, es seien ja nur Schöpfungserzählungen, die irgendwie in die Bibel hineingeraten sind. Ja doch, es sind schöne Stücke hebräischer Poesie und sie sind zum Lob Gottes gedacht. Gegen Gotteslob ist prinzipiell nichts einzuwenden, aber biblische Poesie sieht anders aus. Das bekommt man in den Schöpfungspsalmen 19 oder 104 sehr anschaulich demonstriert.

Bei der Sintfluterzählung, so behaupten diese Theologen, müsse man die verschiedenen Quellen herausarbeiten, um den Einfluss altorientalischer Fluterzählungen zu zeigen. Noah ist dann aber nur noch die „Übergangsfigur von Urgeschichte und

Völkergeschichte", die „in die Genealogie Adams hineingeschrieben" wurde. Noah ist „natürlich nicht als historische Person zu verstehen", sondern wurde im Kontext der Sintfluterzählung zum „exemplarischen Menschen und Repräsentanten der Menschheit". So ähnlich kann man es im wissenschaftlichen Bibelportal der Deutschen Bibelgesellschaft lesen.

Ein Autor, der selbst an einer unheilbaren Krankheit leidet, schrieb über das Buch Hiob: „Wenn ich glauben müsste, dass das Buch Hiob eine historisch-authentische Biografie darstellen würde, könnte ich an ‚dieser Wette' verzweifeln, denn das wäre eine furchtbare gemeine Geschichte." Und er meint: „So wie Jesus die großen Themen seiner Botschaft in der Form von Parabeln erklärt hat, spricht Gott in der Hiobsgeschichte wie in einem Gleichnis zu uns, weil wir es anders nicht fassen könnten."

Eine andere Haltung drückt ein befreundeter Professor aus, der bewusst von der wissenschaftlichen Seite an die Bibel herangehen will, um anderen Wissenschaftlern im Glauben zu helfen. Er formulierte zu Jona und der Wunderfrage: „Manche Wunder lassen uns eher ratlos zurück. Für mich ist ein Beispiel dafür die Sache mit Jona und dem Fisch (Jona 2). Ich habe schlicht keine Idee, wie ein Mensch im Inneren eines Fisches drei Tage lang überleben sollte. Der Ausweg, es handle sich bei der Geschichte um eine Metapher, erscheint mir aber auch hier etwas einfallslos."

Es ist ihm klar, dass er sich bei diesem in der Bibel berichteten Wunder aus dem Bereich der Rationalität heraus begibt, wenn er versucht, es trotzdem zu akzeptieren. Deshalb schreibt er weiter: „Ich habe keine Möglichkeit zu prüfen, ob das Wunder tatsächlich stattgefunden hat. Hier bin ich voll und ganz auf die Schriftquelle angewiesen, der ich glaube oder auch nicht." Er lehnt es aus logischen Überlegungen heraus ab, sich auf den wenig begründbaren theoretischen Standpunkt zu stellen, dass es einfach nicht gewesen sein kann. – Nein, mit der Überzeugung vieler Naturalisten, dass nicht sein kann, was nicht sein darf, kommen wir auch nicht weiter.

Ist es denn wirklich egal, ob die genannten Personen gelebt haben oder nur Erfindungen frommer Schriftsteller waren? Gott verlangt doch wohl nicht, dass ich die Geschichte von Adam und Eva im Paradies glauben muss, um Christ sein zu können! Erwartet Gott etwa von mir, dass ich an Noah und die Sintflut glaube oder gar an Jona? Es reicht doch gewiss, wenn ich Jesus Christus gläubig vertraue – oder?

Die meisten Evangelikalen, die zu diesen oder ähnlichen Auffassungen neigen, haben sich allerdings wenig Gedanken darüber gemacht, welche logischen und geistlichen Konsequenzen ihre Einstellung hat. Sie nehmen einen Mythos oder eine Metapher als gegebene Tatsachen hin, um nicht mit dem derzeitigen „wissenschaftlichen" Weltbild in Konflikt zu geraten. Was das aber für ihr Gottesbild bedeutet, darüber denken sie lieber nicht intensiver nach.

Allerdings reagieren die gleichen Personen ziemlich genervt, wenn sie vermuten, jemand würde ihnen deshalb den Glauben absprechen wollen. Und die Theologen unter ihnen treibt die heimliche Sorge um, als unwissenschaftlich abqualifiziert zu werden, wenn sie nicht den zeitgeistlichen Strömungen universitärer Theologie folgen. Emil Brunner (1889–1966) hatte deshalb in seiner Theologie, wie viele nach ihm auch, zwei Bereiche deutlich voneinander unterschieden. Der erste Bereich ist der alltäglichen Erfahrung und der Naturwissenschaft zugänglich, der zweite sei auf einer höheren, sagen wir mal, geistlichen Ebene angesiedelt. Brunner schreibt bezüglich des ersten Bereichs:

> „Sofern die Bibel über Gegenstände weltlichen Wissens spricht, hat sie keinerlei Lehrautorität. Weder ihr astronomisch-kosmologisches oder geografisches Weltbild noch ihre zoologischen, ethnografischen oder historischen Aussagen sind für uns bindend, weder die des Alten noch die des Neuen Testaments."

Wenn er dann jedoch auf den zweiten Bereich zu sprechen kommt, erscheint plötzlich ein ganz anderes Bild:

> „Die Schrift ist unbedingte Autorität, sofern in ihr die Offenbarung, Jesus Christus selbst, zur Geltung kommt."

Ein anderer Theologe formuliert das in einem Buch über (seine) Bibelwissenschaft so:

> „Kein Satz der Bibel darf an Jesus Christus vorbei Autorität erhalten … Nicht alles, was in der Bibel steht, hat die Qualität von Jesus Christus. Deshalb dürfen wir nicht nur, sondern müssen die Bibel auch kritisch lesen. Nicht aus Überheblichkeit oder Besserwisserei, sondern aus Gehorsam gegenüber Jesus Christus."

Das klingt auf den ersten Blick ganz gut und wird deshalb von vielen Evangelikalen gern gehört. Aber auf dieser Grundlage behauptet der genannte Theologe dann, dass gewisse Geschehnisse, die das Alte Testament auf Gott zurückführt, keineswegs auf Gott zurückgeführt werden dürfen.

> „Hätte Jesus auch alle erstgeborenen Söhne der ägyptischen Bevölkerung im Schlaf erwürgt, weil der Pharao verstockt war? Hätte Jesus auch sämtliche Baalspriester umbringen lassen, wie es von Elia berichtet wird?"

Er fragt nicht nur rhetorisch, sondern erwartet aus Überzeugung ein Nein. So manipuliert er einfache Christen, wobei er aber die Tatsache ignoriert, dass Jesus selbst sehr deutlich über Gericht und Hölle gesprochen hat. Das heißt: Unter frommem Vorwand hat der evangelikale Theologe sich erlaubt, die Autorität der Bibel wesentlich einzuschränken. Wort Gottes und Bibel ist für ihn also nicht wirklich dasselbe. In der frommen Öffentlichkeit wird er zwar immer behaupten: Die Bibel ist

Gottes Wort. Für sich selbst aber schließt er große Teile davon aus.

2. Braucht unser Glaube denn historische Fundamente?

Fundamente benötigt der Glaube in jedem Fall, wenn er nicht völlig in der Luft hängen soll. Die Christen sind sich im Prinzip darin einig, dass dieses Fundament irgendwie in der Bibel zu finden ist. Es ist dabei keine Frage, dass die Bibel ein historisches Buch ist, das in seinem Gesamtumfang seit etwa 2000 Jahren besteht und dessen Botschaft seither von vielen Millionen Menschen geglaubt wird.

Die Frage ist nur, mit welchem Glauben ein Mensch an die Bibel herangeht. Glaubt er, dass die in der Bibel berichteten Dinge wirklich geschehen sind oder glaubt er, dass nur die Menschen in biblischer Zeit das alles glaubten? Dann wäre sein Glaube so eine Art Glaube an Glauben, garniert mit einigen unverzichtbaren Größen wie Gott, Jesus, einigen christlichen Ritualen und ein bisschen Moral. Aber sobald die Bibel etwas berichtet, was die eigene Vernunft nicht erklären kann, hält man das nur noch für eine schöne Geschichte.

Es ist aber bemerkenswert, dass die Bibel selbst übernatürliche Geschehnisse als Tatsachen beschreibt, auf deren historische Wirklichkeit man keineswegs verzichten darf. So schrieb Paulus 24 Jahre nach dem erwähnten Geschehen in Jerusalem einen Brief an Christen in der griechischen Stadt Korinth:

> Ist aber Christus nicht auferweckt worden, dann ist auch unsere Predigt sinnlos und euer Glaube ist ohne Inhalt. (1Kor 15,14)

In dem ganzen Kapitel erklärt Paulus sehr deutlich, dass es ohne die leibhaftige Auferstehung von Jesus Christus, von der er selbst nur durch Zeugen erfahren hatte, kein Christentum gibt. Er wusste aber, dass zum Zeitpunkt seines Briefschreibens noch etliche dieser Zeugen am Leben waren. Und außerdem hatte er für die

Auferstehungswirklichkeit das Zeugnis der heiligen Schriften, also des Alten Testaments, und zu guter Letzt eine persönliche Erfahrung.

Im Zusammenhang mit unserem Thema beschreibt Paulus, welche katastrophale Folgen es hätte, wenn die Auferstehung von Jesus Christus 24 Jahre zuvor nicht wirklich geschehen wäre.

- Es wäre sinnlos, Jesus Christus als Retter zu verkündigen (V. 14).
- Der Glaube an Christus wäre ohne jeden Inhalt, völlig nutzlos (V. 14).
- Alle Zeugen und Verkündiger der Auferstehung wären Lügner (V. 15).
- Niemand wäre von seiner Sünde erlöst (V. 17).
- Alle bereits gestorbenen Gläubigen wären verloren (V. 18).
- Die Christen wären die bedauernswertesten Menschen auf der Erde (V. 19).

Dann hätten sie natürlich auch keine Hoffnung und müssten ohne Gott in dieser Welt leben, wie Paulus an anderer Stelle schreibt (Eph 2,12). Ohne historisches Fundament gibt es keinen wirklich christlichen Glauben, also einen, der sich an Jesus Christus orientiert.

Wer aber bereit ist, sich am biblischen Christsein zu orientieren, kann auf historische Fundamente nicht verzichten, nicht einmal auf gewisse chronologische Fixpunkte. Der katholische Neutestamentler Eugen Ruckstuhl hat das in seiner „Chronologie des letzten Mahles und des Leidens Jesu“ (1963) einmal so formuliert: „Es ist ein Kernanliegen der [heiligen] Schrift zu zeigen, dass Gott an bestimmten Raum- und Zeitpunkten in die menschliche Geschichte eingegriffen hat, dass sein Wirken in die Geschichte eingegangen ist und in der Menschwerdung des Gottessohnes sich unfassbar innig an Raum und Zeit gebunden hat. Eine wissenschaftliche Erforschung der biblischen Zeitangaben unterstreicht diese wesentliche Eigenschaft der biblischen Heilsgeschichte und verhütet ein Abgleiten der christlichen Verkündigung und Unterweisung in mythisches Dunkel und glaubensmäßige Unverbindlichkeit." Das sind bedenkenswerte Sätze.

Gleichzeitig macht uns jede wissenschaftliche Erforschung der Heiligen Schrift auch die Grenzen unserer Arbeit deutlich, wie es schon unser oben erwähnter Professor geschrieben hat: „Ich habe keine Möglichkeit zu prüfen, ob das Wunder tatsächlich stattgefunden hat. Hier bin ich voll und ganz auf die Schriftquelle angewiesen, der ich glaube oder auch nicht."

Wenn wir die Bibel selbst befragen, erfahren wir bei deren Verfassern ein tiefes Vertrauen zur Wahrhaftigkeit der ihnen überlieferten Texte. An vielen Stellen entdeckten die von Gottes Geist gelenkten Verfasser sogar die Erfüllung alttestamentlicher Verheißungen in ihrer Zeit. Ähnlich war es auch innerhalb des Alten Testaments, als etwa Daniel erkannte, dass die 70 Jahre, die Jerusalem nach der Weissagung des Propheten Jeremia in Trümmern liegen sollte, vorüber waren (Dan 9,2) und kurz darauf wirklich die Rückkehr des Volkes aus der Verbannung begann.

3. Die ganze Bibel im Blick

Dass Adam, Noah, Hiob und Jona nicht nur in den biblischen Texten vorkommen, die direkt von ihnen berichten, haben wir bereits in Kapitel 3 beobachtet. Schon die Nachfolger dieser Männern erinnern an sie, andere Männer Gottes vergleichen sich mit ihnen und Propheten erwähnen sie in ihren Botschaften. Am wichtigsten aber ist es, wie die Autoren des Neuen Testaments mit ihnen umgehen, welche Schlüsse sie ziehen und welche Verbindung zur Heilsgeschichte Gottes sie in den Personen des Alten Testaments erkennen, die wir als Beispiele herangezogen haben. Das geht weit über ihre Erwähnung als historische Personen hinaus.

Die biblische Urgeschichte

Werfen wir zunächst einen Blick auf die biblische Urgeschichte insgesamt. Kapitel 1 ist der Bericht über die Erschaffung des Kosmos. Am Anfang steht Gott, der in seiner Allmacht alles erschuf. Dieses einleitende Kapitel ist wie eine Panorama-Aufnahme, die das ganze Universum im Blick hat. Man könnte es auch beschreiben als den Anfang der Natur. Kapitel 2 setzt diesen Bericht im Detail fort. Es geht um die Einrichtung des Gartens für den Menschen. Die Kamera fährt sozusagen näher heran und macht eine Großaufnahme. Nicht mehr die Natur, sondern der Mensch und seine Erschaffung stehen jetzt im Mittelpunkt und Gott ist ganz in die Nähe gerückt. Dieses Kapitel beschreibt also den Anfang der Geschichte. Kapitel 3 beschreibt den Ungehorsam der beiden ersten Menschen gegen Gott mit allen schlimmen Folgen. Schon das nächste Kapitel (4) beschreibt den ersten Mord in der Menschheitsgeschichte. Kapitel 5 zeigt, wie es mit Adam weiterging. Es ist das Verzeichnis seiner Nachkommen bis zu Noah und seinen Söhnen. Die Kapitel 6 bis 8 beschreiben den Grund für die Sintflut, ihren Verlauf und ihr Ende. In Kapitel 9 wird der Bund Gottes mit Noah und der von ihm abstammenden Menschheit beschrieben, wobei deutlich wird, dass Noah kein Held, sondern ein fehlbarer Mensch war. In Kapitel 10 folgt das Verzeichnis der Nachkommen der drei Söhne Noahs, die sich nach der Flut über die Erde ausgebreitet haben. Schließlich folgen in Kapitel 11 der Bericht vom Turmbau zu Babel mit der Sprachverwirrung und das Verzeichnis der Nachkommen Sems, der Semiten, bis zu Abraham.

Jeder, der diese ersten elf Kapitel der Bibel einigermaßen unbefangen liest, wird erkennen, dass es von Anfang an um wirkliche Menschen geht, die sich genauso verhalten haben wie wir heute.

Im derzeitigen sogenannten „wissenschaftlichen Weltbild" (ein Weltbild kann nicht wissenschaftlich sein, weil es in jedem Fall die Grenzen der Naturwissenschaften überschreitet) spricht man von einem tier-menschlichen Übergangsfeld am Anfang der Menschheitsgeschichte, keinesfalls von einem einzelnen Paar.

Wer von solchen Überzeugungen geprägt ist, wird eher geneigt sein, Adams Geschichte als eine versinnbildlichte Erzählung zu verstehen, keinesfalls als historische Wirklichkeit.

Viele Christen lösen diese Spannung sogar dadurch, dass sie gleich die ganze biblische Urgeschichte zum Mythos erklären und die eigentlichen Geschichtsberichte erst mit dem Auftauchen Abrahams in 1. Mose 12 oder noch später beginnen lassen. In der Regel betonen sie im selben Zungenschlag, dass der Begriff Mythos nichts Abwertendes habe, ja, dass er viel größere Wahrheiten vermitteln könne, als bloße Geschichtsschreibung. Warum betonen sie das so?

Vielleicht wollen sie nicht als Bibelkritiker erscheinen. Andererseits wäre es für sie noch schlimmer, die Urgeschichte der Bibel zu leugnen, denn sie ist ein Gründungsdokument. Von hier aus nimmt alles seinen Lauf, um sich dann in der Geschichte fortzusetzen und zu verzweigen. Nahezu alles, was folgt, bleibt unverständlich ohne das Bild von Gott und Mensch, das bereits in den ersten elf Kapiteln gezeichnet wird.

Schon in der Urgeschichte begegnen uns zwei der Männer, über die wir uns bereits Gedanken gemacht haben: Adam und Noah. Beide sind eingewoben in die Geschichte ihrer Nachkommen, von denen beide während ihrer Lebenszeit noch etliche Generationen haben aufwachsen sehen. Und gerade die für uns etwas mühsam zu lesenden Genealogien sind einzigartig in der Geschichte des Altertums. Aber damit macht die Bibel deutlich, dass es schon in ihren ersten Kapiteln um tatsächliche Geschichte geht. Jeder, der diese Texte unbefangen liest, wird das erkennen. Ob er es glaubt, steht auf einem anderen Blatt.

Der Zusammenhang zwischen Ur- und Endgeschichte

Wenn wir die ersten Phasen der Urgeschichte mit den letzten Phasen der Endgeschichte vergleichen, wie sie im letzten Buch der Bibel niedergeschrieben ist, entdecken wir erstaunliche Parallelen, wie es die nachfolgende Tabelle in großen Umrissen zeigt.

1. Mose 1–2	Erschaffung von Himmel und Erde Einrichtung der Erde für den Menschen
1. Mose 3	Satan verführt die Menschen, die in Gemeinschaft mit Gott im Garten Eden leben, zum Ungehorsam gegen Gott. Gott spricht das Urteil über den Satan und das erste Menschenpaar.
1. Mose 4–11	Gott vollstreckt in der Sintflut sein Gericht über die Bosheit der Menschen und ermöglicht mit Noahs Familie einen neuen Anfang.
1. Mose 12 bis Maleachi	Gottes Heilsgeschichte mit dem Volk Israel
Die Evangelien	**Jesus Christus** Grundlage, Zentrum und Vollendung des Heils
Apostelgeschichte und Briefe	Gottes Heilsgeschichte mit der Gemeinde
Offenbarung 19,11–20,2	Christus vollstreckt den Zorn Gottes über die Völker und ermöglicht durch die Ausschaltung Satans ein Friedensreich auf der Erde.
Offenbarung 20	Satan verführt die Menschen, die im 1000-jährigen Reich auf der Erde leben, zum letzten Aufstand gegen Gott. Gott vollstreckt das Urteil über Satan. Er spricht und vollstreckt sein Urteil über alle Menschen.
Offenbarung 21–22	Erschaffung eines neuen Himmels und einer neuen Erde, in denen die Erlösten leben

Der zeitliche Rahmen der Welt- und Heilsgeschichte umspannt die Zeit vom Sündenfall bis zum jüngsten Gericht beziehungsweise von der ersten Schöpfung bis zur Neuschöpfung von Himmel und Erde. Innerhalb dieses Rahmens läuft auch die gesamte Weltgeschichte ab mit ihren Irrungen und Wirrungen, mit Krieg und Frieden, mit Aufstieg und Fall, mit Leben und Tod.

Und innerhalb der Weltgeschichte geschieht das, was wir Heilsgeschichte nennen, das gezielte übernatürliche Eingreifen Gottes in die Geschichte zur Rettung der Menschen, die sich von ihm abgewandt hatten. Unter Heilsgeschichte verstehen wir also *das geplante Eingreifen Gottes in die Geschichte zum Heil der Menschen, wie es in der Bibel dokumentiert ist.*

Das Zentrum der Heilsgeschichte, ja der ganzen Weltgeschichte ist Jesus Christus, der Herr. Folgerichtig stellt auch unsere Zeitrechnung ihn in die Mitte. Auch das ist heilsgeschichtlich durchaus bedeutsam: Geschah etwas vor Christus oder nach Christus?

Wenn man dazu den zeitlichen Rahmen von Ur- und Endgeschichte bedenkt, wird schnell klar, dass beide untrennbar zusammenhängen. Denn wer annimmt, dass Gott für die Erschaffung von Erde und Mensch Millionen oder gar Milliarden Jahre benötigt habe, wie lange will er dann eigentlich auf den neuen Himmel und die neue Erde warten? Mit solch einer Annahme wären die endgeschichtlichen Aussagen der Bibel absurd und man dürfte auch Jesus nicht mehr trauen, der sich deutlich zur Urgeschichte und zur Vollendung des Heils am Ende der Zeit ausgesprochen hat. Gerade auch die Aussagen von der Hölle und vom jüngsten Gericht verlieren so ihre Wirklichkeit. Sie bedeuten dann nicht mehr, als dass sie die Menschen zu einer verantwortlichen Lebensführung ermahnen. Solche Aussagen finden sich zum Beispiel sogar in den Sacherklärungen der Lutherbibel 2017.

4. Die Bedeutung Adams in der Bibel

Die Bedeutung Adams als von Gott erschaffene geschichtliche Person ist nicht von Eva, seiner aus ihm gebildeten Ehefrau, zu trennen. Und dieses erste Ehepaar ist nicht zu trennen von der Bedeutung der Ehe überhaupt, aber auch nicht von dem Geschehen, das wir den Sündenfall nennen.

Die Überzeugung, dass Gott mit Adam und Eva das erste Elternpaar in der Geschichte der menschlichen Rasse geschaffen hat, findet sich überall in der Bibel. Wer den historischen Adam leugnet, muss sehr genau überlegen, ob er sich nicht gegen die Lehre von Mose, Lukas Jesus und Paulus stellt. Folgende biblische Lehren setzen einen historischen Adam beziehungsweise das historische erste Menschenpaar von Adam und Eva voraus:

- unsere sexuelle Identität und Familie
- unsere sündige Natur
- das Böse in der Welt
- die Rechtfertigungslehre
- unsere Hoffnung auf das ewige Leben
- selbst unsere Missionsarbeit

Schauen wir uns einige Zusammenhänge genauer an.

Unsere sexuelle Identität als Mann und Frau

Adam und Eva stehen als Repräsentanten für unsere Geschlechtlichkeit als ausschließlich männlich oder weiblich. Unsere Sexualität ist nicht einfach das Produkt einer Veränderung durch die „Evolution“ (was immer das auch sein mag), sondern eine vom Schöpfer gewollte Ordnung für die Menschheit. Von Anfang an hat Gott Mann und Frau einerseits unterschiedlich geschaffen, andererseits aber so, dass sie sich hervorragend ergänzen. Das gab ihnen die Möglichkeit, sich in einer Ehe zu verbinden und eine Familie zu gründen. Die Bibel erklärt das mit der Erschaffung der Frau und Adams Reaktion darauf:

> 21 Da ließ Jahwe, Gott, einen Tiefschlaf über den Menschen kommen.
> Er nahm eine seiner beiden Seiten heraus und verschloss die Stelle
> mit Fleisch. 22 Aus der Seite baute er eine Frau und brachte sie zum
> Menschen. 23 Da rief der Mensch: „Diesmal ist sie es! / Sie ist genau
> wie ich, / und sie gehört zu mir, / sie ist ein Stück von mir! / Sie soll

Isch-scha heißen, Frau, / denn sie kam vom Isch, dem Mann." 24 Aus diesem Grund verlässt ein Mann seinen Vater und seine Mutter, verbindet sich mit seiner Frau und wird völlig eins mit ihr. (1Mo 2,21-24)

In seiner Lehre von der Ehe bezieht Jesus sich genau auf diese Einzelheiten und auf die Absicht Gottes, am Anfang der Geschichte ein einzelnes Menschenpaar zu schaffen.

4 „Habt ihr nie gelesen", erwiderte Jesus, „dass Gott die Menschen von Anfang an als Mann und Frau geschaffen hat? 5 Und dass er dann sagte: ‚Deshalb wird ein Mann seinen Vater und seine Mutter verlassen und sich an seine Frau binden, und die zwei werden völlig eins sein.'? 6 Sie sind also nicht mehr zwei, sondern eins. Und was Gott so zusammengebracht hat, sollen Menschen nicht scheiden!" (Mt 19,4-6)

Auch der Apostel Paulus begründet die göttliche Ordnung von Mann und Frau in Ehe und Gemeinde mit den oben genannten Einzelheiten (1. Korinther 11,8-10) und den Umständen ihres Sündenfalls (1. Timotheus 2,12-14). Dabei betrachtet Paulus Adam und Eva nicht als Symbole, sondern als Personen. Paulus vermerkt, dass Adam zuerst geschaffen wurde und dass Eva zuerst auf die Lüge der Schlange hereinfiel. Und gerade sein Hinweis auf die konkrete Geschichte ist es, die seine Anweisungen für die Gläubigen verbindlich machen.

Wer Adam und seine Frau Eva als historische Personen verliert, der verliert auch eine wesentliche Grundlage für die biblische Lehre von Mann und Frau.

Unsere sündige Natur

> 22 ... Da gibt es keinen Unterschied, 23 denn **alle haben gesündigt und die Herrlichkeit Gottes verloren**. (Röm 3,22-23)

> Durch **einen einzigen Menschen** ist die Sünde in die Welt gekommen und mit der Sünde der Tod. Und so ist der Tod zu allen Menschen hingekommen. **Infolgedessen haben auch alle gesündigt.** (Röm 5,12)

Zwei Verse später identifiziert Paulus diesen Menschen eindeutig mit Adam. Und in den folgenden Versen (16-19) betont er mehrmals, dass es die Verfehlung eines einzelnen Menschen war, die allen Menschen die Verdammnis brachte. Die fatale Entscheidung Adams hatte unheilvolle Auswirkungen auf die gesamte Menschheit. Oder wie will man sonst die Verdorbenheit der Menschen erklären? Wenn der Sündenfall kein historisches Geschehen wäre, dann stünden wir nur aufgrund unseres eigenen Gehorsams oder Ungehorsams vor Gott. Wir würden dann mit der Sündenschuld Adams nichts zu tun haben, denn dieser Mensch hätte ja nie existiert. Damit wäre auch die historische Grundlage für die Lehre vom Zustandekommen der Sünde in dieser Welt ausgelöscht.

Wir wären also nicht deshalb Sünder, weil wir von Adam abstammen, sondern nur aufgrund unserer eigenen Entscheidung gegen Gott. Das führt uns zu der Frage, die schon in der Alten Kirche zwischen Pelagius und Augustinus diskutiert wurde:

> Sind wir Sünder, weil wir sündigen, oder sündigen wir, weil wir Sünder sind?

Pelagius lehrte, dass wir sündlos zur Welt kommen und in sündloser Unschuld leben, bis wir uns das erste Mal für die Sünde entscheiden. Daraus folgt, dass es grundsätzlich möglich wäre, ohne Sünde zu sein, was wiederum zur Lehre von der Selbsterlösung führen kann. Pelagius leugnete jedenfalls die radikale Verdorbenheit des Menschen.

Wer also meint, auf einen historischen Adam verzichten zu können, begibt sich biblisch gesehen auf ein gefährliches Pflaster, denn die Schrift sagt sehr deutlich, dass wir von Natur aus sündig sind:

> Ja, **schuldverstrickt kam ich zur Welt**, / und meine Mutter hat mich in Sünde empfangen. (Ps 51,7)

> Zu ihnen haben wir früher auch gehört und wurden wie sie von unseren Begierden beherrscht. Wir lebten unsere Triebe und Ideen aus, **denn das war unsere Natur. Deshalb waren wir wie alle anderen dem Zorn Gottes ausgeliefert.** (Eph 2,3)

Ohne einen wirklichen Adam fehlt also auch die Grundlage für die biblische Lehre von unserer Sündennatur.

Das Böse in der Welt

Kein Mensch kann die Existenz des Bösen in dieser Welt leugnen. Es ist zu offensichtlich und begegnet uns jeden Tag. Das Böse zu erklären, ist aber schon wesentlich schwieriger. Selbst wenn wir von der geschichtlichen Existenz Adams ausgehen, müssen wir erklären, warum Gott seinem Geschöpf überhaupt erlaubte, sich gegen ihn zu entscheiden.

Dennoch sind wir überzeugt, dass ein wirklicher Adam für die Entstehung des *moralisch Bösen* in der menschlichen Welt verantwortlich war, denn das entstand aus der Sünde des Menschen. Hätte er nicht von der verbotenen Frucht gegessen, wären uns Menschenhandel, sexuelle Misshandlungen, Terrorismus und vieles andere erspart geblieben.

Wenn wir außerdem die physischen Katastrophen bedenken, von denen die Menschen bedrohen sind, wird es noch schlimmer: Erdbeben, Tornados, Tsunamis, Seuchen usw. Das alles könnte man als *das Böse in der Natur* bezeichnen. Wollte Gott tatsächlich diese natürlichen Desaster von vornherein seinen Geschöpfen zumuten? Dann müsste man ihn für alles Böse in dieser Welt verantwortlich machen. Denn wenn es den Sündenfall Adams nicht gab, hätte Gott dem Menschen von vornherein schwere Nachteile aufgebürdet. Nicht nur das, dann hätte er das Böse in der Welt von vornherein geschaffen.

Wenn wir aber von einem historischen Adam ausgehen, können wir das besser erklären. Sein Sündenfall hatte nicht nur für ihn erhebliche Folgen, sondern auch für die Schöpfung. Das Böse in der Moral und der Natur hatte seinen Ursprung nicht in Gott, sondern in der freien Entscheidung seines Statthalters auf der Erde.

> Nur dies fand ich: **Gott hat die Menschen aufrichtig und gerade gemacht, aber sie sind berechnend und falsch**. (Pred 7,29)

Durch die Schuld des Menschen unterwarf Gott die Schöpfung einem zeitlich begrenzten Verderben, wie Paulus es im Römerbrief beschreibt.

> 19 Die gesamte Schöpfung wartet ja sehnsüchtig auf den Tag, an dem
> die Kinder Gottes in ihrer ganzen Herrlichkeit erkennbar werden.
> 20 **Denn alles Geschaffene ist der Vergänglichkeit ausgeliefert –**
> **unfreiwillig. Gott hat es so verfügt.** Es gibt allerdings Hoffnung:
> 21 Auch die Schöpfung wird einmal von **dieser Versklavung an die**
> **Vergänglichkeit** zur Herrlichkeit der Kinder Gottes **befreit wer-**
> **den.** 22 Denn wir wissen, dass die gesamte Schöpfung bis heute unter
> ihrem Zustand seufzt, als würde sie in Geburtswehen liegen. (Röm
> 8,19-22)

Damit kann Paulus nicht gemeint haben, dass die Schöpfung von vornherein so erschaffen wurde. Denn dann wäre sie nicht sehr gut gewesen (1Mo 1,31). Außerdem hatte Gott nach dem Sündenfall schöpfungsmäßige Konsequenzen für den Menschen und seine Umwelt angekündigt (1Mo 3,14-18).

Die Anerkennung eines historischen Adam hilft uns also, das menschliche Leiden zu verstehen, ohne Gott irgendein Versagen anzuhängen.

Die Rechtfertigungslehre

Nicht nur die Lehre von der Sünde, sondern auch die Lehre des Heils ist abhängig vom historischen Adam. Denn Paulus betont in Römer 5,12-21 die Botschaft von der Rettung durch die auffällige Gegenüberstellung von Adam und Christus. Unsere Stellung zu Gott hängt ab von unserer Verbindung mit einem von beiden. Die Sünde des einen Menschen machte uns schuldig vor Gott und das führte zu unserem Tod. Im Gegensatz dazu garantiert der absolute Gehorsam des einen Menschen unsere Gerechtigkeit durch den Glauben. Und dadurch sind wir vor Gott gerechtfertigt und haben das ewige Leben. Entweder werden wir „in Adam" verdammt oder „in Christus" gerettet.

Die Parallele zwischen Adam und Christus ist aber nicht nur eine Analogie, sondern auch Geschichte. Denn in seiner Argumentation bezieht sich Paulus auf Dinge, die in Raum und Zeit geschehen sind. In der Folge von Adams Fall breitete sich der Tod über die ganze menschliche Rasse aus. Wenn das alles nur eine schöne Geschichte gewesen wäre, dann hätte sie nicht solche Konsequenzen gehabt. Das Rettungswerk von Jesus Christus musste sich auf ein real vorhandenen Problem beziehen, sonst wäre es überflüssig gewesen.

Paulus lehrt ganz klar, dass, genauso wie die Sünde Adams der ganzen menschlichen Rasse zugerechnet wurde, auch die Gerechtigkeit von Christus allen angerechnet wird, die an ihn glauben. Und die Geschichte von der Versuchung der Menschen in 1. Mose 3 hat eine deutliche Parallele in der Versuchung von Christus, die in Mt 4 berichtet wird. Niemand wird verdammt wegen einer Fabel und niemand wird gerechtfertigt durch eine Fiktion. Die geistliche Verbindung mit Christus hat ihren Grund in der natürlichen Verbindung mit Adam.

Unsere Hoffnung auf das ewige Leben

Die Argumentation des Paulus über unsere körperliche Auferstehung in 1. Korinther 15 gründet sich ebenfalls auf die Parallele von Adam und Christus. Paulus bezeichnet sie hier als ersten und zweiten Adam. Er vergleicht den irdischen Körper, den Gott zuerst Adam gab mit dem himmlischen Körper, den Jesus Christus in seiner Auferstehung empfing.

> 21 Weil durch einen Menschen der Tod kam, kommt auch die Auferstehung vom Tod durch einen Menschen. 22 Denn wie durch die Verbindung mit Adam alle sterben, so werden durch die Verbindung mit Christus alle lebendig gemacht werden; (1Kor 15,21-22)

So ähnlich hatte Paulus schon in Römer 5 argumentiert. Dann wird er aber noch deutlicher:

> 45 So steht es auch geschrieben: „Der erste Mensch, Adam, wurde zu einer lebendigen Seele." Der letzte Adam jedoch wurde zu einem lebendig machenden Geist. 46 Doch das Geistliche war nicht zuerst da. Zuerst kam das von der Seele bestimmte Leben und dann erst das vom Geist bestimmte. 47 **Der erste Mensch stammt von der Erde, vom Staub**, der zweite Mensch vom Himmel. 48 Wie der Irdische beschaffen war, so sind auch die irdischen Menschen beschaffen; und wie der Himmlische beschaffen ist, so werden auch die himmlischen Menschen beschaffen sein. 49 Und so, wie wir jetzt dem gleichen, der von der Erde genommen wurde, werden wir künftig dem gleichen, der vom Himmel ist. (1Kor 15,45-49)

Paulus zeigt hier, dass wir alle aus demselben Stoff gemacht sind wie der Vater unserer menschlichen Rasse. Damit wir aber einen unsterblichen und unverweslichen Körper bekommen können, mussten wir erst einmal einen sterblichen und verweslichen besitzen.

> Denn dieser verwesliche Körper hier muss Unverweslichkeit anziehen, dieses Sterbliche Unsterblichkeit. (1Kor 15,53)

Deshalb ist der historische Adam auch der Ausgangspunkt der Botschaft von der Auferstehung.

Unsere Missionsarbeit

Für viele westliche Christen sind die Geschlechtsregister der Bibel nicht von Interesse. In anderen Teilen der Welt ist das ganz anders. Missionare haben entdeckt, dass gerade die Genealogien, die zum Beginn der menschlichen Geschichte führen, für viele Kulturen eine starke Bestätigung für die Vertrauenswürdigkeit und Wahrheit der Bibel ist. Wenn Menschen aus solchen Kulturen begreifen, dass die Geschlechtsregister im Alten und im Neuen Testament bis auf Adam zurückgehen, verstehen sie, dass die Bibel ihnen nicht irgendeine Geschichte erzählt, sondern ihre eigene. Adams Geschichte erklärt ihnen auch die Allgemeinheit der menschlichen Sünde. Sünde hat ja nichts mit Kultur zu tun. Jeder Mensch hat dieselbe sündige Natur und benötigt deshalb die gleiche Errettung. Außerdem macht die Bibel klar, dass wir alle zu derselben Familie gehören. Wir alle sind im Bild Gottes geschaffen.

Auch Paulus gebrauchte diese Argumentation in seiner missionarischen Predigt auf dem Areopag:

> Aus einem einzigen Menschen hat er alle Völker hervorgehen lassen. Er wollte, dass sie die Erde bewohnen, er bestimmte die Zeit ihres Bestehens und die Grenzen ihres Gebietes. (Apg 17,26)

Deshalb sollten auch wir in unserer missionarischen Argumentation den historischen Adam nicht streichen.

5. Noah in der biblischen Endzeitlehre

Im Neuen Testament steht Noah und seine Geschichte vor allem als Beleg für das Eintreffen der von Gott vorausgesagten Strafgerichte über die Menschheit. Gezeigt wird das in seiner positiven Reaktion auf die empfangene göttliche Botschaft im Gegensatz zu den Menschen seiner Zeit, die nicht daran glaubten, sondern weiter in den Tag hineinlebten. Doch das göttliche Gericht kam genauso, wie es angekündigt worden war. Und genauso wird es auch mit den endzeitlichen Strafgerichten sein.

Sowohl Jesus Christus als auch Petrus und der Hebräerbrief verstehen die Ereignisse mit und um Noah keineswegs als Fiktion oder eine lehrreiche Erzählung, sondern als starkes Argument dafür, dass alles genauso kommt, wie Gott es angekündigt hat. Nach der Lehre es Neuen Testaments beweist die Geschichte Noahs,

- dass man nur durch Glauben gerettet wird.
- dass Gott Gelegenheit zur Umkehr gibt.
- dass die Zeit der Gnade plötzlich zu Ende sein wird.

Nur der Glaube rettet vor Gottes Gericht

Gott hatte Noah gesagt, dass er beschlossen habe, Mensch und Tier auf der Erde durch eine Wasserflut zu vernichten, weil die ganze Welt von Bosheit und Verbrechen erfüllt war. Deshalb hatte er ihm befohlen, eine Arche zur Rettung seiner Familie und einer entsprechenden Zahl von Pärchen aller luftatmenden Tiere zu bauen. Die Anweisung schließt mit dem lapidaren Satz:

> Noah machte alles genauso, wie Gott es ihm befohlen hatte. (1Mo 6,22)

Der Verfasser des Hebräerbriefes (11,7) kannte alle Einzelheiten des Geschehens genau und folgerte mit großer Sicherheit daraus, dass es Noahs Glaube war, der ihn Gott gehorchen ließ. Noah fürchtete Gott und baute dieses riesengroße Schiff, obwohl von dem angedrohten Unheil noch nichts zu sehen war. Sein Glaube zeigte sich also in seinem Handeln. Und während der Bau in jahrzehntelanger Arbeit wuchs (es dauerte nach 1Mo 6,3 insgesamt 120 Jahre), war Noah schon allein dadurch allen Menschen eine gewaltige Predigt. Wer allerdings nicht an das kommende Flutgericht glauben wollte, sprach sich durch diese Entscheidung selbst das Urteil.

Aber Noah empfing durch seinen Gehorsam schon damals die Gerechtigkeit, die aus dem Glauben kommt, mit der allein ein Mensch vor Gott bestehen kann. So gilt es bis heute und wird vielfältig im Neuen Testament bezeugt. Der Hebräerbrief, der uns durch Noahs Verhalten diese geistliche Wirklichkeit vermittelt, macht gerade in seinem 11. Kapitel noch an vielen anderen Beispielen klar, dass er immer von geschichtlicher Wirklichkeit ausgeht.

Gott gibt ausreichend Gelegenheit zur Umkehr

Natürlich kannte auch Petrus die Einzelheiten des Geschehens aus dem Leben Noahs und weist deshalb in seinem ersten Brief (1Petr 3,20-21) auf die große Geduld Gottes hin, der während der ganzen Bauzeit der Arche auf die Umkehr der Menschen gewartet hatte. Leider ließen die Menschen alle Gelegenheiten verstreichen und kehrten nicht um. Deshalb konnte nur die kleine Gruppe von Noahs Familie gerettet werden, ganze acht Menschen. In den Umständen dieser Rettung durch das Flutgericht hindurch sieht Petrus ein Bild für die christliche Taufe.

In seinem zweiten Brief (2Petr 3,3-7) schreibt Petrus, dass Spötter die große Geduld Gottes praktisch ins Gegenteil verkehren. Denn sie folgern daraus, dass Jesus Christus entgegen seinem Versprechen überhaupt nicht wiederkommt. Immerhin glaubten sie noch an die Schöpfung.

> 3 Vor allen Dingen müsst ihr wissen, dass in den letzten Tagen Spötter auftreten werden, die sich über die Wahrheit lustig machen, aber doch nur ihren selbstsüchtigen Wünschen folgen. 4 Sie werden sagen:

„Er hat doch versprochen wiederzukommen! Wo bleibt er denn? Inzwischen sind unsere Väter gestorben, aber alles ist immer noch so, wie es seit Anfang der Schöpfung war.“ [5] Wer das behauptet, will nicht wahrhaben, dass es die Himmel schon längst gab und die Erde aus dem Wasser hervorgetreten und mit Wasser umgeben war. Gott hatte sie durch sein Wort geschaffen. [6] **Dennoch wurde die Welt damals bei der großen Flut auf Gottes Wort hin durch Wasser überschwemmt und vernichtet.** [7] Durch dasselbe Wort Gottes werden nun auch die jetzigen Himmel und die jetzige Erde für das Feuer aufgespart. Sie werden bewahrt bis zum Tag des Gerichts, an dem die Gottlosen zugrunde gehen. (2Petr 3,3-7)

Petrus erwidert also allen Spöttern, die nicht an das Wiederkommen des Herrn glauben, dass es zwischen der Schöpfung und der Gegenwart noch ein wesentliches Ereignis gab, das eigentlich jeder kennen müsste, nämlich die Sintflut. Tatsächlich wollten sie dieses Geschehen nicht wahrhaben. Doch für Petrus ist völlig klar, dass das Gericht Gott genauso sicher über die jetzige Welt kommen wird wie damals die Flut. Die Gottlosen werden zwar nicht noch einmal durch Wasser, sondern durch Feuer zugrunde gehen. Die Spötter täuschen sich also gewaltig – nicht nur, weil sie das Weltgericht durch die Sintflut nicht bedenken, sondern auch, weil sie Gottes ganz andere Zeitrechnung und seine Gnade nicht beachten.

[8] Eins dürft ihr dabei nicht übersehen, liebe Geschwister: Für den Herrn ist das, was für uns ein Tag ist, wie tausend Jahre; und was für uns tausend Jahre sind, ist für ihn wie ein einziger Tag. [9] **Der Herr verzögert seine Zusage nicht, wie manche das meinen. Im Gegenteil: Er hat Geduld mit euch, denn er will nicht, dass irgendjemand ins Verderben geht, sondern dass alle Gelegenheit haben, zu ihm umzukehren**. (2Petr 3,8-9)

Schließlich schreibt Petrus noch (V. 10-12), dass jener Gerichtstag über die ganze Erde völlig unerwartet kommen wird und welche Konsequenzen dieses Bewusstsein auch für die Gläubigen hat, denn sie erwarten nach dem, was Gott uns versprochen hat, „neue Himmel und eine neue Erde, in denen Gerechtigkeit regiert“ (V. 13).

Die Zeit der Gnade wird urplötzlich zu Ende sein

Jesus Christus erklärt ausdrücklich, dass sein Wiederkommen auf die Erde die Menschen genauso unerwartet treffen wird, wie es in Noahs Zeit die große Flut war.

> 37 „Und wenn der Menschensohn kommt, wird es so wie in Noahs Zeit
> sein. 38 Damals, vor der großen Flut, aßen und tranken die Menschen,
> sie heirateten und wurden verheiratet – bis zu dem Tag, an dem Noah
> in die Arche ging. 39 Sie ahnten nichts davon, bis die Flut hereinbrach
> und alle umbrachte. So wird es auch bei der Ankunft des Menschensohnes sein. (Mt 24,37-39)

Nach dem Wiederkommen des Herrn wird es wie damals beim Eintreffen der Flut zu einer großen Scheidung unter den Menschen kommen (Mt 24,40-42; siehe auch Lk 17,26-27.35). Die allermeisten Menschen lebten ihr Leben und kümmerten sich nicht um Gott. So wird es auch beim Wiederkommen von Jesus Christus sein.

Jesus spricht von der Wucht und Wirklichkeit seines Kommens. Das wird wie damals beim Kommen der Flut schlimme Konsequenzen für die Menschen haben, die nicht darauf vorbereitet sind.

Aber weshalb sollte ein Mensch das alles glauben? Wenn die Sintflut nur ein Mythos war, dann ist damals niemand durch eine weltweite Flut umgekommen und niemand wurde gerettet. Dann lebten die Menschen weiter in den Tag hinein, wie es bis heute der Fall ist. Aber dann ist auch das Wiederkommen von Jesus nur eine Geschichte, die niemals Wirklichkeit wird und vor der keiner Angst haben muss.

Es wird wieder deutlich: Wer die Urgeschichte verliert, verliert auch die Endgeschichte.

6. Jona und Jesus

Wer die Evangelien sorgfältig liest, wird feststellen, dass Jesus nicht nur ein guter Mensch, ein genialer Lehrer und Wundertäter war, sondern dass er auch mit einem ungeheuerlichen Anspruch auftrat. Er behauptete nämlich der Sohn Gottes und der Messias zu sein. Das brachte vor allem die führenden Juden gegen ihn auf und sie bezweifelten gerade diesen Anspruch. Deshalb forderten sie mehrmals Zeichen von ihm, durch die er sich legitimieren sollte.

Matthäus und Lukas berichten, wie sie diese Forderung an Jesus richteten, nachdem dieser einen stummen Besessenen geheilt hatte, der auch noch blind war. Das war eigentlich schon ein messianisches Wunder, denn keiner der Schriftgelehrten konnte erklären, wie man einen Dämon austreiben kann, ohne dessen Namen zu kennen. Denn dazu waren sie selbst nicht in der Lage und mussten sich dafür auf den kommenden Messias vertrösten. Aber nun hatte Jesus gerade das getan. Trotzdem verlangten sie von Jesus, dass er sich eindeutig als von Gott autorisiert auswies.

> 38 Daraufhin sagten einige der Gesetzeslehrer und Pharisäer zu ihm: „Rabbi, wir wollen ein Zeichen von dir sehen!“ 39 „Diese verdorbene Generation, die von Gott nichts wissen will, verlangt nach einem Zeichen!“, antwortete Jesus. „Doch es wird ihnen keins gegeben werden, nur das des Propheten Jona. 40 Denn wie Jona drei Tage und drei Nächte im Bauch des großen Fisches war, so wird der Menschensohn drei Tage und drei Nächte im Schoß der Erde sein. 41 Im Gericht werden die Männer von Ninive auftreten und diese Generation schuldig sprechen. Denn sie haben ihre Einstellung auf Jonas Predigt hin geändert – und hier steht einer, der mehr bedeutet als Jona. (Mt 12,38-41)

Jesus verweigerte es selbstverständlich, ein Wunder auf Bestellung zu tun und bezeichnete seine ungläubigen Angreifer als eine verdorbene, von Gott abgefallene Generation. Trotzdem stellte er ihnen ein Zeichen in Aussicht, das des Propheten Jona.

Das Zeichen des Propheten Jona

Jesus kündigte den Juden also an, dass sie ein Zeichen zu sehen bekommen würden, allerdings nur ein einziges, das Zeichen des Jona. Bei einer anderen Gelegenheit (Mt 16,1-4) gab Jesus den Parisäern und Sadduzäern die gleiche Antwort.

Was ist das Zeichen des Jona? Es bezieht sich zunächst auf den Propheten Jona in seiner ganzen geschichtlichen Erscheinung, wie wir beim „Zeichen der Menschen von Ninive" noch sehen werden. Aber im Besonderen bezieht es sich darauf, dass **Jesus** nach drei Tagen und drei Nächten wieder lebendig wurde, also auferstand. Weil Jesus diese Zeitangabe auf den geschichtlichen Jona bezog, müssen die drei Tage und Nächte im hebräischen Sinn verstanden werden, als drei *ona*, Zeiteinheiten, die entweder einen Kalendertag ausfüllen oder ihn teilweise in Anspruch nahmen.

Viele Juden damals sahen die Errettung aus dem Tod (Jona fühlte sich tatsächlich im Totenreich – siehe Jona 2) als das eigentliche Jona-Wunder an. Deshalb konnte Jesus es auch auf seine Auferstehung beziehen.

Das Zeichen des Menschensohnes

Mit dem Menschensohn meinte Jesus ohne Zweifel sich selbst. Er würde genauso, wie Jona im Bauch des Seeungeheuers war, „drei Tage und Nächte" lang im Schoß der Erde sein. Und genauso, wie der große Fisch Jona nach dieser Zeit wieder ausspuckte, würde auch Jesus nach den drei Tagen wieder auferstehen. Ja, Gott legitimierte seinen Sohn durch dessen Auferstehung für ganz Israel. Danach hatte Israel noch vierzig Jahre Zeit, um dieses Zeichen anzunehmen.

Übrigens hatten die Juden, die Jesus hier ansprach, die Botschaft von seinem nur dreitägigen Tod tatsächlich geglaubt – oder befürchtet. Denn sie waren schon am zweiten Tag nach dem Kreuzestod von Jesus, zu Pilatus gegangen und hatten um eine Wache gebeten. Diese sollte das Steingrab, in dem Jesus bestattet war, bewachen, damit die Jünger von Jesus den Leichnam nicht stehlen und anschließend behaupten könnten, er wäre auferstanden (Mt 27,62-66).

Dass Jesus seinen Tod, dessen Dauer und (indirekt) seine Auferstehung mit der Erfahrung Jonas und dem Fisch, der ihn verschlungen und nach der genannten Zeit an Land wieder ausgespuckt hatte, verglich, ergibt natürlich nur Sinn, wenn er das Geschehen von Jona 2 als reales historisches Ereignis betrachtete.

Das Zeichen der Menschen von Ninive

Der Evangelist Lukas benutzt diese Formulierung (Lk 11,30). Im Buch des Propheten Jona wird berichtet, dass die Leute von Ninive auf die spröde Gerichtsbotschaft Jonas hin Gott glaubten, von ihren bösen Wegen umkehrten und Gott mit aller Macht anriefen. Sie sagten sich:

> Wer weiß, vielleicht tut es Gott dann leid und er lässt von seinem glühenden Zorn ab, so dass wir nicht umkommen. (Jona 3,9)

Tatsächlich erbarmte Gott sich über sie und erhörte ihr Flehen. Und genau auf diese Tatsache bezog sich Jesus, als er den Juden den Spiegel vorhielt. Für Jona war die Umkehr der Niniviten sehr ärgerlich, wie in Jona 4 sehr anschaulich berichtet wird. Jona musste akzeptieren, dass Gott die Umkehr der Menschen von Ninive ernst nahm.

Auch für Jesus war die Umkehr dieser nichtjüdischen Menschen fast 800 Jahre vor seiner Zeit eine absolut sichere Tatsache, die Auswirkungen bis zum Endgericht hat. Denn diese Niniviten würden im Endgericht gegen das Israel seiner Generation aussagen. Für seine Angreifer müssen diese Worte von Jesus eine Ungeheuerlichkeit gewesen sein. Aber Jesus wusste immer, wer er war, und sprach das vor seinen Zeitgenossen auch unmissverständlich aus.

> Im Gericht werden die Männer von Ninive auftreten und diese Generation schuldig sprechen. Denn sie haben ihre Einstellung auf Jonas Predigt hin geändert – und hier steht einer, der mehr bedeutet als Jona. (Mt 12,41)

An Jesus entschied sich nicht nur das Leben des damaligen Israel, an ihm entscheiden sich auch unser Leben und unsere Zukunft. Es kann deshalb auch für uns keine Frage sein, den Worten von Jesus Christus mehr zu vertrauen als jeder anderen Botschaft. Das betrifft nicht nur unser ewiges Heil, sondern auch unser Vertrauen und unseren Umgang mit der Heiligen Schrift. Wir halten uns nicht für klüger als die heiligen Propheten und Apostel der Bibel und schon gar nicht als Jesus Christus selbst.

Haben sie wirklich gelebt? Ja, Adam, Noah, Hiob und Jona haben gelebt und alle anderen auch, von denen uns das Buch Gottes berichtet. Es ist wahrhaftig Gottes Wort, das in jeder Hinsicht unser Vertrauen verdient.

Karl-Heinz Vanheiden

Bibellesen im historischen Kontext

Der Bibelleseplan für mehr Durchblick

Dieser neuaufgelegte Bibelleseplan bietet Einblicke in die chronologischen Zusammenhänge der Bibel, Erläuterungen zu schwierigen Bibelstellen, eine Einführung in jedes Buch sowie entsprechende Schlüsselwörter und -verse.

Tb., 224 S., 11 x 18 cm
Best.-Nr. 271 350
ISBN 978-3-86353-350-2

G. K. Beale

Das soll ein Gott der Liebe sein?

Fragen und Antworten zur Moral Gottes im Alten Testament

Kann der ein guter Gott sein, der im Alten Testament Kriege befiehlt? Wie rechtfertigen sich die Drohungen gegenüber Feinden in den Psalmen? Passt das zu dem barmherzigen Gott der Liebe, der uns im Neuen Testament begegnet? Der Autor zeigt verschiedene Aspekte von Gottes Handeln im Alten Testament auf.

Tb., 64 S., 11 x 18 cm
Best.-Nr. 271 123
ISBN 978-3-86353-123-2

Brandon D. Crowe

Wurde Jesus von einer Jungfrau geboren?

Fragen und Antworten zur Jungfrauengeburt

Die Jungfrauengeburt gehört zu den grundlegenden Traditionen des Christentums. Doch muss man nach heutigem wissenschaftlichen Kenntnisstand dieses Dogma nicht aufgeben? Dieses Buch will kurz und prägnant Antwort geben. Der Autor zeigt: Die Menschwerdung Jesu war ein einzigartiger Vorgang, und die biblische Überlieferung darüber ist auch heutigen alternativen Sichtweisen gegenüber einleuchtend und vertrauenswürdig.

Tb., 64 S., 11 x 18 cm
Best.-Nr. 271 339
ISBN 978-3-86353-339-7

Daniel Facius (Hg.)

Der Bibel verpflichtet

Mit Herz und Verstand für Gottes Wort

Kritik an der Bibel taucht in allen Gemeindeformen auf. Dieses Buch vermittelt in kurzen und leicht verständlichen Aufsätzen grundlegende Positionen und Gründe für die Zuverlässigkeit der Heiligen Schrift und ermutigt damit Christen, auf das offenbarte Wort Gottes zu vertrauen. Mitglieder und Freunde des Bibelbundes haben hierfür Aufsätze verfasst, um diese Positionen zu vermitteln.

Pb., 288 S., 13,5 x 20,5 cm
Best.-Nr. 271 159
ISBN 978-3-86353-159-1

Bibelbund

Die Bibel:
Ganze Inspiration
Ganze Wahrheit
Ganze Einheit

Der BIBELBUND ist eine Vereinigung von Christen aus vielen Kirchen und Gemeinden, die wie Jesus Christus dazu beitragen wollen, das Vertrauen auf die Heilige Schrift als dem unfehlbaren und irrtumslosen Wort Gottes zu stärken. Sie tun das in der Gewissheit, dass Gott dem Menschen die Rettung durch Jesus Christus zuverlässig durch sein Wort bekannt macht und aufgrund des Vertrauens auf seine Zusagen rettet.

Der BIBELBUND wurde 1894 gegründet, um ein Forum für schriftgebundene christliche Lehre zu bilden. Damals wie heute wollen Christen im Bibelbund auf das massive Vordringen von Bibelkritik und auf die daraus entstehenden Folgen in Lehre und Leben, in Theologie und Gemeinde antworten. Mit seiner Arbeit beteiligt sich der Bibelbund an theologischer Diskussion und fördert die Erforschung der Bibel. Mit allgemeinverständlichen Veröffentlichungen ermutigt er Gläubige allen Aussagen Gottes in seinem Wort in rechter Weise zu vertrauen.

Mit seiner Zeitschrift BIBEL UND GEMEINDE bietet der Bibelbund vierteljährlich ein breites Spektrum von Aufsätzen zur Heiligen Schrift und ihrem Bezug zur Gemeinde. Sie enthält Bibelstudien und Predigten, fundierte Auseinandersetzungen mit bibelkritischen Positionen, Stellungnahmen zu geistigen Strömungen der Gegenwart, Beiträge zur Schöpfungsforschung, Kommentare zu aktuellen Ereignissen in Kirche und Welt, Klärung biblischer Fragen und Probleme und viele Buchbesprechungen.

Auf der INTERNETSEITE **www.bibelbund.de** bietet der Bibelbund weitere Informationen, aktuelle Termine und zahlreiche Aufsätze zu vielen Fragen und Themen an.